슬기로운 어린이 치과 생활

슬기로운
어린이
치과 생활

박소연 (서울아산병원 소아치과 교수) 지음

추천사

아이를 키울 때 꼭 알아야 할 구강 건강 관리의 모든 정보를 담고 있다

— 이제호, 대한소아치과학회장

예로부터 치아 건강은 오복 중 하나라고 했습니다. 그만큼 치아 건강은 삶의 질을 결정하는 데 큰 영향을 미칩니다. 그런데 아이에게 치아 건강은 삶의 질은 물론이고 성장과 발육뿐 아니라 더 나아가 생존에도 큰 영향을 미칠 수 있습니다. 아이의 발달 과정 중 치아의 맹출이 직립보행보다 먼저 나타나는 것은 그래서인지도 모릅니다.

치아의 중요성에 대한 생각은 과거보다 훨씬 증가했음에도 우리나라 성인의 구강 건강 상태는 좋지 않습니다. 2020년 심평원이 발표한 외래 다빈도 상병 통계에서 치주질환이 1위를 차지했습니다. 2020년 치주질환으로 진료받은 환자는 1,600만 명으로 2위를 기록한 급성기관지염의 1.5배 이상입니다. 전국에서 치주질환으로 병원을 찾은 사람이 제일 많았다는 이야기입니다. 이런 성인의 치아 문제는 대부분 성장기부터 제대로 관리를 받지 못해서 생긴 측면이 큽니다. 그런 점에서 소아치과 의사이자 대한소아치과학회의 회장으로서 무한한 책임감을 느낍니다.

   저자는 대한소아치과학회의 학회원이자 서울아산병원의 교수로서 다년간의 임상 경험을 바탕으로 이 책을 썼습니다. 또한 한 아이를 키우는 엄마로서 누구보다도 엄마들이 가장 궁금해할 질문들에 대해 세심하게 설명하고 있습니다. 전문가의 객관적인 시선을 잃지 않으면서도 아이와 보호자들을 향한 따뜻한 시선이 함께 담겨 있습니다. 아이를 키울 때 꼭 알아야 할 구강 건강 관리의 모든 정보를 얻을 수 있을 겁니다. 이 책이 소중한 길잡이가 돼주기를 기대합니다.

서문

슬기로운 어린이 치아 건강을 응원하며

"어린이는 성인의 축소판이 아니다."

소아치과 교과서 첫 장에 나오는 내용입니다. 어린이의 치아는 어른과 다릅니다. 따라서 어린이의 치과 치료와 구강 관리는 어른과 다를 수밖에 없습니다. 치의학과는 의학과와 별도로 분리돼 있고 치아라는 조직이 단단한 조직이다 보니 종종 신체 일부분으로 충분히 존중받지 못합니다. 치과의사를 보는 시각도 때로는 '의사'라기보다는 '기술자'로 비치기도 합니다. 하지만 치아의 중요성은 치아가 아파보면 압니다. 제가 최근에 여러 신경쓰는 일이 생기면서 치통이 생겼는데 그 통증이 얼마나 심하고 삶의 질을 떨어뜨리는지 새삼 알게 됐습니다. 왜 치아의 건강을 오복 중 하나라 하는지 이제야 와닿았습니다.

어린이들에게 치아의 건강은 더욱 중요합니다. 아이들은 자라는 중이기 때문입니다. 충분한 영양이 공급되지 않으면 그 나이 때 이루어야 하는 성장과 발달을 할 수 없습니다. 영양은 잘 먹어야 공급됩니다. 잘 먹는 것에 치아는 중요한 역할을 합니다. 치아가 상해서 음식을 잘 먹지 못해 말랐던 아이가 치료 후 살이 통통하게 쪄서 왔을 때 소아치과의사로서 행복함을 느낍니다.

아이들이 되도록 치아에 아무런 문제 없이 자랐으면 좋겠지만 현실은 그렇지 않습니다. 눈만 돌리면 그새 무슨 일이 벌어지곤 합니다. 그러니 아이 키우는 엄마는 신경써야 하고 챙겨야 할 것이 산더미처럼 많습니다. 그 와중에 아이의 이 닦는 시간은 매일 돌아옵니다. 초보엄마는 아이와 전쟁을 치르면서 이를 닦아주는 게 맞는지, 아니면 스스로 할 수 있을 때까지 기다려줘야 하는 것이 맞는지 늘 헷갈리고 어렵습니다. 또 아이는 늘 다칩니다. 응급실을 가야 하는지, 지켜봐도 되는지 판단하기가 어렵습니다. 매번 엄마는 판관 포청천이 돼야 합니다. 그것도 신속하고 빠르며 정확한 판단을 내려야 합니다. 아는 치과의사라도 있으면 다행입니다만 그렇지 않을 때가 더 많습니다. 치과에 전화를 걸어도 쉬는 날이거나 예약은 한참 뒤로 밀립니다. 예약 날 안 가겠다는 아이를 억지로 끌고 가면 주차에 대기까지 시달릴 일이 한둘이 아닙니다. 그러다가 막상 의사를 마주했을 때는 뭘 물으려고 했는지도 잊어버립니다.

가뜩이나 저출산율의 시대에서 아이를 낳아 키운다는 것은 용감한 일이 돼버렸습니다. 사회의 많은 부분이 개인화되고 가정에서 모든 것을 책임져야 합니다. 과거에는 한 아이를 키우는 데 온 마을이 필요하다는 말처럼 공동체가 아이를 돌봤는데 지금은 오롯이 부모의 몫, 더 좁혀가면 엄마의 책임이 돼버립니다. 그러나 엄마는 원래부터 모든 걸 다 아는 척척박사가 아닙니다. 아이를 낳고 키우는 순간부터 불안과 무지에 시달려야 합니다.

아이가 어릴 때 침대에서 떨어진 적이 있습니다. 너무 놀라서 응급실을 가야 하나 말아야 하나 고민이 됐습니다. 뭘 어떻게 해야 할지 막막할 때 도움이 됐던 것이 소아과 선생님이 쓴 책이었습니다. 무엇 하나 잘 모르는 초보 엄마의 곁을 지켜주는 든든한 조력자였던 셈입니다. 치아와 관련해서도 그런 조력자가 엄마 곁에 있으면 얼마나 좋을지 생각해봤습니다.

주변에서 아이를 키우는 친구들과 부모님들에게 질문을 많이 받습니다. 블로그나 엄마들이 모인 카페에도 아이들 치아 관련해서 하루에 몇 개씩 질문이 올라옵니다. 아이들은 잘 다치는 연약한 존재입니다. 특히 치아 손상이 많지요. 그리고 아이들이 성장하는 시기는 유치가 빠지고 영구치로 전환하는 역동적인 과정이 일어나는 시기입니다. 그래서 더 복잡하고 어렵습니다. 치아가 지금 빠지는 것이 맞는지, 손가락을 계속 빠는데 괜찮을지, 넘어져서 이가 흔들리는데 응급실을 가야 할지, 불소치약은 언제부터 어떻게 써야 할지, 불소도포는 꼭 해야 하는지 등 궁금한 게 잔뜩 쌓여 고개를 갸웃거리게 합니다. 그렇다고 해서 매번 치과를 갈 수도 없고 답을 얻을 수 있는 곳도 마땅치 않습니다. 이럴 때 옆에 두고 수시로 찾아볼 수 있는 책이 있으면 도움이 되지 않을까 생각해서 쓰게 됐습니다. 신생아 시기 구강 관리 문제, 이가 나고 빠지는 것, 충치, 치과 치료, 구강 악습관, 외상, 치과 수술, 교정 등 소아치과의 모든 영역을 담으려고 노력했습니다.

이 책을 내기까지 많은 분이 도움을 주셨습니다. 책을 내보라고 권유하고 응원해준 한근태 작가님과 서울아산병원 전 기획조정실장 김종혁 교수님께 특히 감사의 말씀을 드립니다. 전국에서 오늘도 우는 아이들을 달래며 고군분투하시는 소아치과 선생님들과 이 험난한 저출산 시대에 소중한 아이들을 키우는 부모님들께도 감사의 마음을 전합니다. 제가 책을 쓰는 중간중간 힘들어할 때마다 엄마의 어깨를 두드리며 응원해준 아들과 저의 도전을 언제나 지지해주는 남편과 양가 부모님께도 감사 인사를 전하고 싶네요. 초보 작가의 원고를 책으로 만들어준 클라우드나인의 안현주 대표님과 류재운 기획실장님 그리고 안선영 편집팀장님께 감사드립니다.

무엇보다 감사한 것은 그동안 제 성장에 도움이 돼온, 제게 선뜻은 아닐지라도 입을 벌려준 우리 어린이 환자들입니다. 어린이 여러분들과 함께할 수 있어서 영광입니다.

2021년 가을
박소연

| 차례 |

추천사 아이를 키울 때 꼭 알아야 할 구강 건강 관리의
모든 정보를 담고 있다(이제호, 대한소아치과학회장) **004**

서문 슬기로운 어린이 치아 건강을 응원하며 **006**

1장 이가 났어요

1. 막 태어난 아기에게 이가 있어요 | 신생아 | 019
2. 아기 잇몸에 하얀 게 돋아 있어요 | 신생아 | 021
3. 아기 이는 언제부터 나나요 | 6~12개월 | 022
4. 치과 검진은 언제부터 받나요 | 12개월 | 025
5. 유치가 날 때 아프다고 해요 | 17개월 | 027
6. 유치를 뺐는데 그냥 두어도 될까요 | 만 4세 | 029
7. 치아가 갈라져서 났어요 | 만 5세 | 032
8. 유치 어금니가 아래로 들어가요 | 만 5세 | 034
9. 이가 빠져서 구멍이 생겼어요 | 만 6세 | 037
10. 이가 흔들리는데 언제 뺄까요 | 만 6세 | 039

[진료실 스케치] 유치의 생 041

2장 충치가 생겼어요

1. 충치는 왜 생기는 걸까요 046
2. 충치 예방에 불소가 효과가 있나요 | 만 2세 | 049
3. 아직 밤중 수유를 하고 있어요 | 만 2세 | 052
4. 어차피 빠질 유치를 치료해야 할까요 | 만 4세 | 055

5. 이가 약한 체질이 따로 있나요 |만 5세|　　　057
6. 잘 안 먹는 게 교합 문제일까요 |만 6세|　　　059
[진료실 스케치] 그래서 충치가 몇 개라는 건가요?　　　061

3장 영구치 관리는 어떻게 하나요

1. 유치가 약하면 영구치도 약한가요 |만 4세|　　　066
2. 어금니가 나올 때부터 노랗고 약해요 |만 6세|　　　069
3. 유치가 안 빠졌는데 영구치가 나와요 |만 6세|　　　072
4. 영구치가 없는데 어떻게 해야 하나요 |만 6세|　　　075
5. 영구치 어금니에서 뼛조각이 나왔어요 |만 6세|　　　077
6. 영구치가 안 나와요 |만 7세|　　　079
7. 영구치에 뾰족한 돌출이 있어요 |만 10세|　　　082
[진료실 스케치] 제가 뭘 잘못했을까요?　　　085

4장 치과 치료는 어떻게 하나요

1. 어금니 사이에 구멍이 생겼어요 |만 4세|　　　090
2. 크라운을 씌워도 영구치가 나올까요 |만 5세|　　　093
3. 아이인데 신경치료를 해도 될까요 |만 5세|　　　096
4. 웃음가스 치료가 안전할까요 |만 5세|　　　098
5. 수면치료를 받아도 될까요 |만 5세|　　　101
6. 실란트는 무엇이고 왜 하나요 |만 6세|　　　104
7. 마취 치료 후 입술을 깨물었어요　　　107
[진료실 스케치] 엄마의 사정, 아이의 사정　　　110

5장 구강 관리는 어떻게 하나요

1. 양치질은 언제부터 하나요 |6개월| 116
2. 칫솔은 어떤 것을 쓰면 좋을까요   118
3. 치약은 언제부터 써야 하나요   121
4. 이 닦기를 싫어하는데 어떡하죠 |만 2세| 123
5. 양치는 하루에 몇 번 할까요   126
6. 치실을 사용해도 될까요   130
7. 왜 자꾸 입 냄새가 날까요 |만 6세| 132
8. 입 안이 많이 헐고 피가 나요   135
9. 잇몸에서 피가 나요   138

[진료실 스케치] 마이쮸와 콜라   142

6장 구강 악습관을 고칠 수 있나요

1. 공갈 젖꼭지를 빨면 구강 구조가 바뀔까요 |10개월| 148
2. 손가락을 빠는데 어떻게 해야 할까요 |만 3세| 151
3. 윗니와 아랫니 사이로 자꾸 혀를 내밀어요 |만 6세| 154
4. 이갈이를 안 하게 할 순 없을까요 |만 6세| 157
5. 아랫입술을 자주 무는데 괜찮을까요 |만 6세| 160
6. 입을 항상 벌리고 있는데 괜찮을까요 |만 7세| 162
7. 손톱 깨무는 습관을 없앨 수 있을까요 |만 10세| 165

[진료실 스케치] 제 아이는 제가 기다리겠습니다   168

7장 이를 다쳤어요

| 치아의 파절 | 174 |
| 치아의 변위 | 177 |
1. 이가 흔들리며 피가 났어요 | 만 2세 | 180
2. 입술과 치아 사이 끈이 찢어졌어요 | 만 2세 | 182
3. 앞니가 잇몸으로 들어갔어요 | 만 3세 | 184
4. 유치가 통째로 빠졌어요 | 만 3세 | 187
5. 영구치가 부러져서 흔들려요 | 만 7세 | 189
6. 영구치가 통째로 빠졌어요 | 만 7세 | 191
7. 다친 치아는 어떻게 관리하나요   193
[진료실 스케치] 아이가 다쳤는데 제가 너무 놀랐어요   196

8장 치아 수술을 해야 해요

1. 아이 혀가 짧은데 수술해야 하나요 | 만 2세 | 202
2. 과잉치가 생겼는데 어떻게 해야 하나요 | 만 6세 | 204
3. 혀 밑에 푸르스름한 주머니가 있어요 | 만 6세 | 207
4. 어금니가 아프고 얼굴이 붓고 열이 나요 | 만 6세 | 210
5. 앞니가 아직도 안 나왔어요 | 만 9세 | 212
6. 턱뼈에 물주머니가 생겼어요 | 만 9세 | 216
7. 윗입술과 잇몸 연결 근육이 두꺼워요   219
[진료실 스케치] 더하기가 아니라 빼기   221

9장 치아 교정을 해야 해요

1. 유치 아랫니가 튀어나와 윗니를 덮어요 |24개월| **229**
2. 치아 교정은 언제 하면 좋을까요? |만 6세| **231**
3. 치아 교정 장치를 껴야 할까요 |만 7세| **234**
4. 유치가 삐뚤빼뚤한데 빼주는 게 좋을까요 |만 7세| **238**
5. 위 앞니가 튀어나왔는데 언제 교정할까요 |만 7세| **241**
6. 주걱턱인데 꼭 수술해야 하나요 |만 8세| **243**
7. 교정과 관련해서 궁금한 게 많아요 **246**

[진료실 스케치] 나도 다 듣고 있어요 **249**

10장 전신질환이 있어요

1. 초등학생이 되더니 치과 치료를 무서워해요 |만 7세| **255**
2. ADHD 아이인데 치과 치료를 받을 수 있을까요 |만 8세| **257**
3. 심장질환이 있는데 치과 치료를 어떻게 받나요 **260**
4. 다운증후군에게 나타나는 치과적 특징이 있나요 **263**
5. 장애아동의 치아는 어떻게 관리해야 할까요 **265**

[진료실 스케치] 우리가 갈 곳이 없어 **268**

1장

이가 났어요

"우와! 이가 났어!"

엄마와 아빠는 아이에게 이가 나면 신기하면서도 걱정도 됩니다. 이가 제대로 날지 걱정이 되는 것이죠. 이가 난다는 것은 잇몸 안의 이가 눈에 보일 정도로 자란 것입니다. 유치primary tooth*는 평균적으로 생후 6개월쯤에 아래 앞니부터 나옵니다. 보통 쌍을 이루는 치아가 각각 2개씩 비슷한 시기에 나오게 되며 생후 30개월쯤 되면 총 20개의 유치가 나오면서 유치열이 완성됩니다. 이렇게 이가 나오는 것을 맹출eruption이라고 합니다.

유치는 음식을 씹고 발음을 도우며 얼굴 모양새의 형성에 기여하는 기능을 합니다. 그리고 유치가 빠지고 그 자리에 나는 계승 영구치가 나올 공간을 유지하죠. 특히 유치 어금니는 뿌리가 벌어져서 잇몸뼈 안에서 계승 영구치가 성장할 수 있도록 공간을 제공합니다. 영구치가 자라서 올라오면 유치의 뿌리는 점차 흡수돼 영구치가 구강 내 적당한 위치에 나타날 수

---

* 젖먹이 때 난 이. 젖니 또는 탈락치라고도 한다.

있도록 합니다.

　유치는 영구치에서는 볼 수 없는 생리적인 흡수가 일어나 영구치와 교환되는데요. 그 정확한 원인이나 이유는 아직 불분명합니다. 아마도 여러 가지가 복합적으로 작용하는 것으로 보입니다. 유치의 뿌리가 흡수됨에 따라 치아는 흔들려 탈락합니다. 그리고 그 위치를 영구치가 대체해 영구치로만 이루어진 시기인 영구치열기로 접어들게 됩니다.

1. 막 태어난 아기에게 이가 있어요

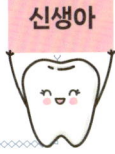

Q "막 태어난 아기의 잇몸 쪽에 뭔가가 만져지더니 봉긋 치아가 올라왔어요. 아기가 아파하지는 않는 것 같은데 어떻게 해야 할까요? 치과를 가봐야 할까요?"

A 태어날 때부터 있는 치아를 선천치natal teeth라고 하고 출생 뒤 한 달 이내에 나오는 치아를 신생치neonatal teeth라고 해요. 선천치가 나타나는 정도는 신생아 2,000명에 한 명 정도이며 성별 차이는 없습니다. 이때 나오는 치아는 유치로 대부분 아래 앞니에 발생합니다.

선천치 때문에 찾아간 소아치과의 치료 원칙은 무조건 뽑는 게 아닙니다. 특별히 치아의 움직임이 심하지 않고, 아이가 정상적으로 수

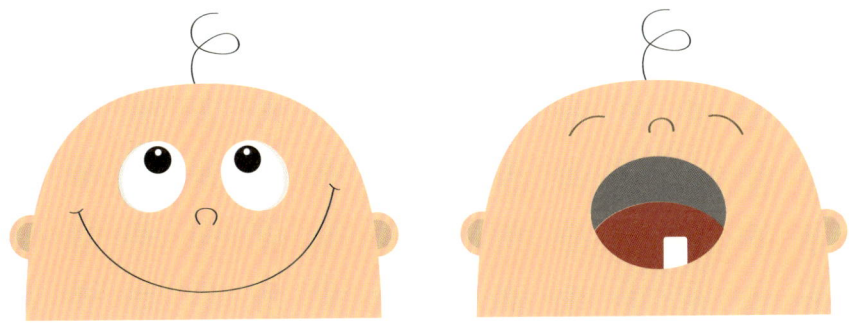

유하고 있고, 엄마도 불편하지 않으면 유지하도록 합니다. 선천치는 빨리 나온 유치라서 발치하면 영구치가 나올 때까지 치아가 없는 채로 지내야 하기 때문이죠.

부득이하게 선천치를 빼야 할 때도 있습니다. 아이가 삼킬 위험이 있거나, 수유에 크게 방해가 되거나, 엄마와 아이에게 상처를 입히거나 할 때입니다. 그런데 신생아는 피가 멎는 지혈 시스템이 제대로 완성되지 않은 상태입니다. 치아를 뺄 때 주의가 필요하고 상황에 따라 입원해야 할 수도 있습니다.

2. 아기 잇몸에 하얀 게 돋아 있어요

Q "아기 잇몸을 보니 오톨도톨하게 하얀 것들이 여러 개 돋아 있어요."

A 잇몸에 볼록볼록한 것이 만져지는 신생아도 있습니다. 아이가 불편해하지는 않는 것 같고 수유에도 이상은 없지만 그래도 걱정이 될 테죠. 뭔가 이상한 게 아닌가 싶어 병원을 찾기도 합니다. 선천치와 구분해서 신생아 시기에 입 안에 발생할 수 있는 발육 이상에는 일종의 작은 물혹인 진주종Epstein's pearl과 잇몸에서 볼 수 있는 하얀색 낭종인 본스 결절Bohn's nodule 등이 있어요. 이러한 발육 이상은 선천치와는 달리 치아가 위치할 잇몸 부분에 여러 개가 나타납니다. 크기가 증가하지 않고 몇 달 내 또는 치아가 나오기 전에 자연적으로 없어집니다. 특별히 치료가 필요하지 않으며 걱정하지 않아도 된답니다.

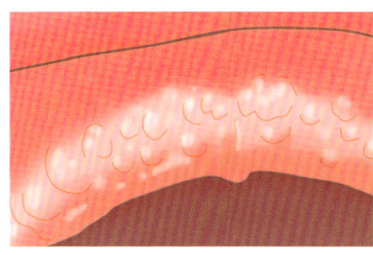
본스 결절

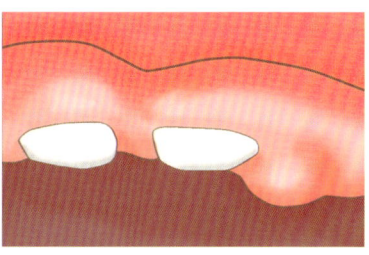
진주종

3. 아기 이는 언제부터 나요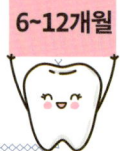

Q "아기가 돌이 됐는데도 아직도 이가 하나도 없어요. 보통 아기의 이는 언제쯤 나오나요?"

A 첫 유치는 생후 6개월쯤에 주로 아래 앞니가 나는 것으로 알려져 있습니다. 유치가 나오는 시기는 아이별로 편차가 큰 편이에요. 대략 6개월에서 1년 정도 늦거나 빠른 것은 정상 범주로 보고 있습니다. 특히 이가 나올 부분의 잇몸이 볼록볼록 만져지면 치아가 있는 것이니 안심해도 됩니다. 남자아이보다 여자아이의 맹출 시기가 좀 더 빠른 경향이 있어요. 아이가 예정보다 빨리 태어나거나 저체중으로 태어났을 때 치아의 맹출이 늦어질 수 있습니다. 또 아이가 다쳐도 늦어지기도 해요. 아이가 심하게 넘어지거나 부딪힌 적이 있는데 조금이라도 늦어진다 싶을 때는 빨리 치과에 가보세요.

일반적으로 유치가 나오는 순서는 다음 그림과 같습니다. 유치열은 평균적으로 30개월에 걸쳐 완성됩니다. 유치는 총 20개가 나오는데요. 간혹 드물게 이가 없는 때가 있습니다. 이가 없는 것을 결손이라고 해요. 쌍을 이루는 치아 중에서 하나가 6개월 이상 차이 나게 맹출하지 않거나 만 18개월이 지났는데도 치아가 보이지 않으면 선

유치 나는 순서

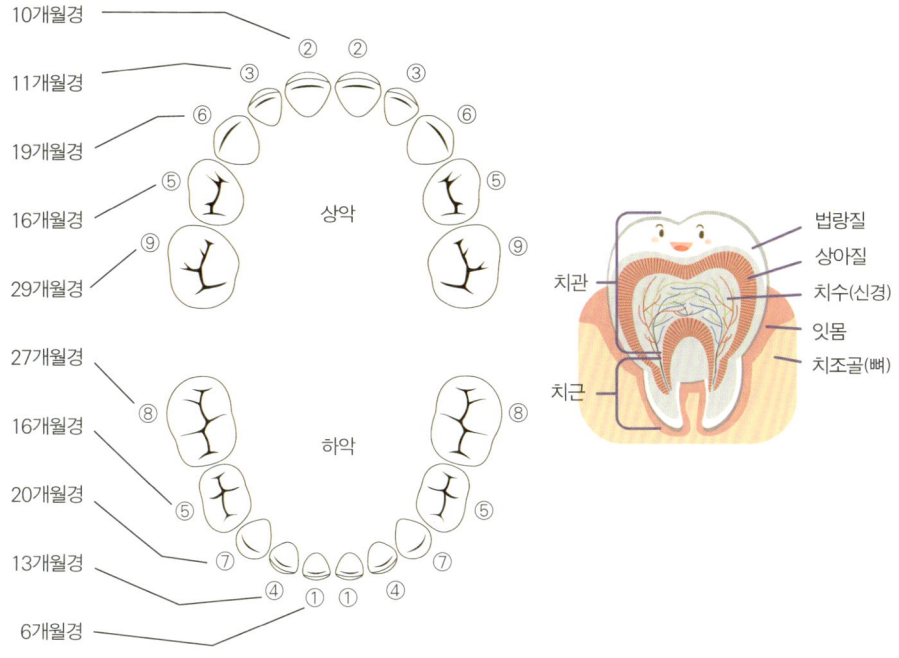

　천적 결손congenital missing의 가능성이 있습니다. 영구치가 유치보다 선천적 결손이 더 잘 나타납니다. 선천적 결손이 흔한 치아는 영구치의 경우 아래 두 번째 작은 어금니, 위 두 번째 앞니, 위 두 번째 작은 어금니, 아래 두 번째 앞니 순이에요. 유치는 흔하지는 않으나 아래 앞니의 선천적 결손이 나타나기도 합니다. 윗니가 먼저 났는데 아랫니가 안 나온 경우에도 결손 가능성이 있습니다.

　유치의 결손이 있다고 해서 특별히 치료가 필요한 것은 아닙니다. 아래 앞니의 경우 하나가 없다고 해서 기능적으로나 심미적으로 전

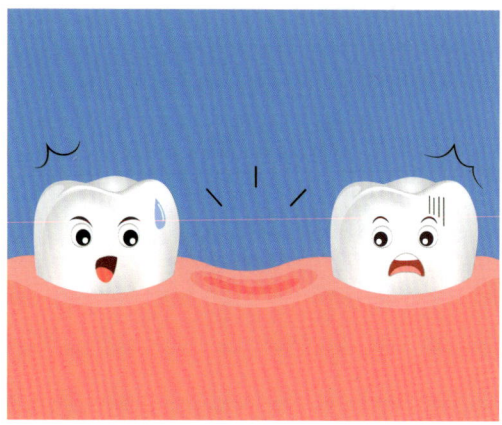

혀 문제가 되지 않습니다. 다만 유치가 결손되면 그 아래 영구치도 같이 결손될 수 있습니다. 만 5세쯤에 전체적으로 엑스레이를 찍어서 영구치가 잘 있는지 확인하세요.

4. 치과 검진은 언제부터 받나요

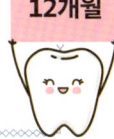

Q "아기가 돌이 지났습니다. 이가 2개 정도 났는데 언제부터 치과에 가서 검사받아야 할까요?"

A 대한소아치과학회에서는 늦어도 돌 때 또는 아이의 유치가 나오기 시작할 때 소아치과 의사에게 정기 검진을 받을 것을 권장합니다. 물론 대부분의 아이에게 이가 건강한 상태로 나옵니다. 따라서 치과 검진은 나온 이를 체크하고 칫솔질이 부족한 부위를 알려주고 치아 관리 요령에 대해 상담하는 정도입니다. 간혹 몇몇 아이들은 이때부터 벌써 충치의 전조 증상이 관찰되기도 해요. 또 보호자가 미처 예상하지 못했던 치아의 형태 이상이나 개수 이상이 발견되기도 합니다.

첫 검진을 일찍 하라고 하는 이유는 꼭 치료할 것이 있어서가 아닙니다. 앞으로 치아 관리를 어떻게 해야 하는지와 수유나 식이 방법들을 미리 알아두면 좋기 때문입니다. 그러니 치아가 나기 시작하면 소아치과를 찾아가세요. 1차 영유아 구강 검진 시기인 18개월쯤에 유치 어금니가 나기 시작합니다. 늦어도 그때는 꼭 치과 검진을 받으세요.

영유아 구강 검진 시기는 3차에 나눠서 합니다. 1차는 18~29개월,

2차는 42~53개월, 3차는 54~65개월쯤이니 이 시기에 맞춰 치과를 찾아 검진받고 아이의 치아 건강을 챙기세요.

첫 검진을 일찍 하는 것이 좋습니다.

5. 유치가 날 때 아프다고 해요

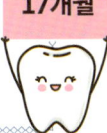
17개월

Q "이가 위아래 4개씩 8개만 났어요. 그런데 요즘 와서 자꾸 손가락을 입에 넣으려고 하면서 심하게 울어요. 새로 이가 나오기 때문일까요?"

A 아마도 유치 송곳니와 첫 번째 어금니가 나오려고 해서 불편해하는 것 같습니다. 이가 날 때 나타나는 여러 증상을 티딩teething, 즉 이앓이라고 해요. 유아의 3분의 2 정도가 이런 증상을 보입니다. 일단 육안으로는 이가 나올 부위의 잇몸이 붓고 빨개진 것을 관찰할 수 있습니다. 이 기간 아이는 손가락이나 다른 물건으로 잇몸을 문지르며 침을 줄줄 흘리는 등 불편감을 나타낼 수 있습니다. 드물게 감기 같은 바이러스 질환과 동반되는 경우 열이 나기도 하죠. 이앓이는 치아가 나면 사라지지만 만약 아이가 너무 힘들어하면 진통제를 먹이거나 차가운 오이나 아이스 스틱 등을 해당 부위에 올려두면 통증을 덜 수 있습니다.

이앓이는 유치의 첫 어금니가 나오는 생후 18개월 전후와 유치의 마지막 어금니가 나오는 생후 30개월 전후에 심합니다. 영구치 어금니가 나오는 만 6세쯤에도 나타날 수 있습니다.

유아의 3분의 2 정도가 이앓이를 보입니다.

아무거나 깨문다.   음식을 거부한다.   잠을 못 잔다.

운다.   발진이 생긴다.   침을 흘린다.   짜증을 낸다.

6. 유치를 뺐는데 그냥 두어도 될까요

만 4세

Q "얼마 전에 충치가 너무 심해서 유치를 뽑고 말았어요. 이가 빠진 채로 그냥 두어도 될지, 틀니 같은 것을 해서 넣어야 할지 고민이네요."

A 유치가 원래 빠져야 할 시기보다 빨리 빠졌을 때 발생할 문제점은 크게 두 가지입니다.

첫 번째는 공간 문제입니다. 일반적으로 유치 어금니가 빨리 빠지게 되면 주변 치아들이 빠진 공간으로 이동해서 공간이 줄어드는 경우가 많습니다. 그만큼 계승 영구치가 나올 공간이 줄어들기 때문에 결국 치아가 삐뚤게 나오는 원인이 될 수 있습니다. 특히 이가 빠진 후 초반 6개월 동안 가장 심하게 공간이 줄어들기 때문에 발치 후 빠른 처치가 필요합니다. 처치는 계승 영구치가 나올 때까지 공간을 유지해주는 '공간 유지장치 space maintainer'를 제작해서 끼워주는 것입니다. 대개 만 7세 이전에 유치 어금니가 탈락됐을 때 그렇게 합니다. 만 7세 이후에 유치 어금니가 탈락되면 영구치가 조금 더 빨리 나오기도 해서 장치를 꼭 해야 하는지 치과 방사선 사진을 찍고 소아치과 선생님과 상의해야 합니다.

앞니도 간혹 외상이나 충치 등으로 인해 조기에 빠지기도 하는데

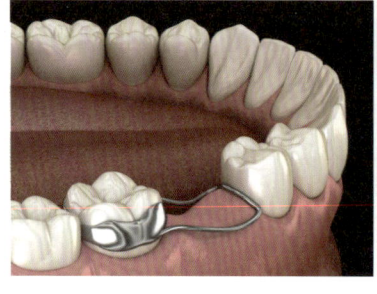 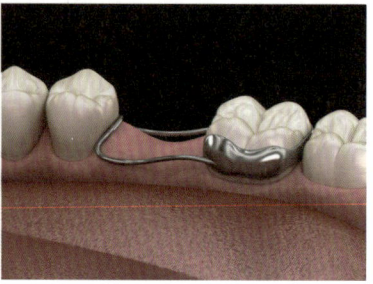

유치가 빨리 빠졌을 때 사용하는 공간 유지장치

대부분의 앞니는 어금니와는 달리 치아가 빠져도 공간이 줄어들지 않는 경우가 많습니다. 따라서 기능적으로 앞니의 경우에는 공간 유지장치가 필요 없습니다. 다만, 아이가 앞니가 없어서 스트레스를 받는다든가, 혀를 자꾸 내민다든가, 발음이 샌다든가 하면 유지장치를 고려하기도 합니다. 이때는 어금니에 하는 공간 유지장치와는 달리 앞니 모양을 만들어주는 틀니 같은 장치를 끼워줍니다. 그런데 아이들은 꼈다 뺐다 하는 장치를 관리할 수가 없어서 붙이는 유지장치를 끼워줍니다.

유지장치를 끼우면 최소한 6개월에 한 번씩은 치과를 찾아가 장치에 이상이 없는지 영구치가 잘 나는지 점검하는 것이 좋습니다. 유지장치를 끼고서 너무 끈적이거나 딱딱한 음식을 섭취하는 것은 피해야 해요. 양치질도 신경써야 합니다. 유지장치 부근은 양치질이 잘 안 돼 충치가 생기기 쉽거든요.

두 번째는 계승 영구치가 늦게 나오는 문제입니다. 영구치는 위에 있는 유치의 뿌리를 녹이며 서서히 자기 위치로 나옵니다. 유치를 뽑으면 영구치가 녹일 치아가 없게 됩니다. 이때 정상보다 오히려 더 빨리 치아가 나올 수 있습니다. 그러나 이게 문제는 아니에요. 영구치가 나오려면 한참 남았는데 유치를 뽑게 되면 영구치 위쪽에 두껍게 뼈 조직이 형성됩니다. 그럼 영구치가 뼈를 녹이는 데 시간이 더 걸립니다. 그만큼 이가 늦게 나오게 되는 거죠.

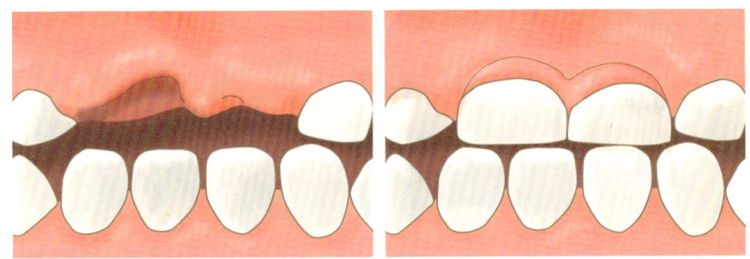

유치 앞니가 빨리 빠졌을 때(좌) 미용 목적으로 부착한 치아 유지장치(우)

7. 치아가 갈라져서 났어요

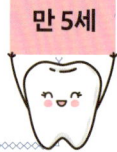

Q "아랫니가 모두 단풍잎처럼 가운데가 갈라져서 났어요. 치과에서 '융합치'라고 하네요. 어떻게 해야 하나요?"

A 이가 쌍둥이 이처럼 보이는 경우로는 쌍생치gemination와 융합치fusion가 있어요. 쌍생치는 마치 일란성 쌍둥이처럼 한 개의 치아가 두 개로 나뉘다가 완성되지 못해 붙은 것처럼 보이는 상태고 융합치는 두 개의 독립된 치아가 발생 과정에서 붙어버린 상태를 말합니다. 둘은 방사선 사진으로 구분할 수 있습니다. 하지만 그냥 보면 비슷해 보여서 꼭 구분할 필요는 없습니다.

보통 쌍생치보다는 융합치가 흔한 편이에요. 위의 사례처럼 앞니 두 개가 붙기도 하고 두 번째 앞니와 송곳니가 붙어서 나는 경우도 많습니다. 유치열에서 3퍼센트 정도의 발생 확률을 보이고 영구치에서는 더 적다고 합니다. 정확한 원인은 밝혀진 바가 없습니다. 이런 이상한 형태가 발생하는 것은 임신 중 영양이나 환경 때문은 아니라고 해요. 유전적인 영향이 있기는 하지만 항상 그렇지도 않습니다.

유치에서 융합치가 발견되면 해당 계승 영구치, 특히 아래 작은 앞니가 결손되는 경우가 많으므로 만 5세쯤에 방사선 사진을 통해 확인해봐야 합니다. 융합치의 관리는 특별한 것은 없습니다. 다만, 중앙

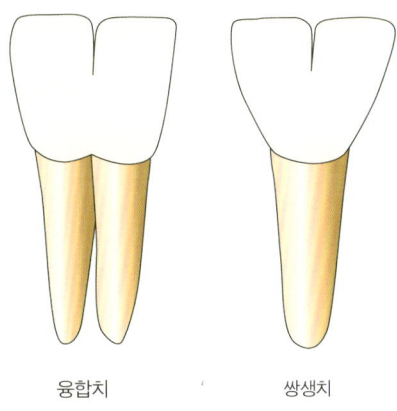

융합치   쌍생치

에 있는 갈라진 선 사이에 음식물이 자주 끼어서 입 안의 충치균이 치아를 상하게 해 충치가 되는 치아우식증이 생기기 쉽습니다. 양치질을 잘 해줘야 합니다. 갈라진 선이 길으면 홈을 메우는 실란트 등의 예방 처치가 필요할 수도 있습니다.

그 밖에도 유치에서 생길 수 있는 형태 이상에는 구치결절paramolar tubercle과 우상치taurodontism가 있습니다. 구치결절은 유치 어금니 바깥쪽에 볼록 튀어나온 결절로 인종에 따라 발생률이 다릅니다. 이 또한 특별한 치료는 필요 없고 결절의 경계를 따라 음식물이 잘 끼는 경우 치아우식증이 생길 수 있으니 양치질을 잘 해줘야 합니다. 우상치는 유치 어금니의 치수 몸통이 길어져 있는 형태 이상입니다. 특별한 문제는 없으나 이른 나이에 신경치료를 하게 되면 주의가 필요합니다. 치아의 신경(치수)의 형태가 이상하므로 신경치료가 어려워질 수 있기 때문입니다.

8. 유치 어금니가 아래로 들어가요

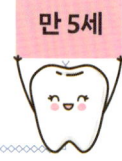

만 5세

Q "유치 중 맨 뒤 이가 늦게 나오기 시작했는데요. 시간이 지나도 다 나오지 않고 잇몸에 파묻혀 있습니다. 그대로 두어도 괜찮을까요?"

A 치아는 턱뼈에서 만들어져 자라다가 잇몸뼈를 뚫고 구강 안에 자리를 잡습니다. 치아가 턱뼈에서부터 상대편 치아와 교합이 되는 위치까지 이동하는 과정을 맹출, 즉 이가 나는 과정이라고 합니다. 맹출 과정은 두 단계로 나누어볼 수 있습니다. 치아가 뼈 안에서 이동해 교합이 되는 위치까지 이동하는 과정을 '기능 전 맹출'이라고 합니다. 그리고 교합이 된 후 뼈가 성장함에 따라 유연하게 적응하면서 움직이는 것을 '기능적 맹출'이라고 합니다.

기능적 맹출에서 중요한 역할을 하는 조직이 치주인대periodontal ligament입니다. 치주인대는 치아와 뼈 사이에 위치해 치아가 충격을 받을 때 완충 작용을 하기도 하고 뼈가 자라는 속도에 맞추어 치아가 같이 올라오게 해 일정한 높이를 유지하게도 합니다. 그런데 이 치주인대가 손상돼 뼈와 치아가 바로 견고한 융합이 이루어지기도 합니다. 이를 '유착ankylosis'이라고 합니다. 원인은 명확하지 않습니다.

유착은 주로 아래 유치 어금니에서 가장 자주 관찰되고 유치 앞니

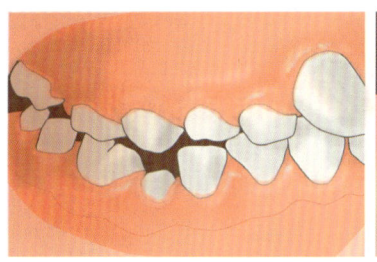
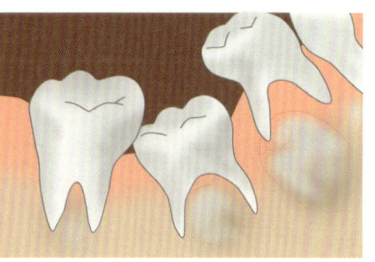

에서는 잘 관찰되지 않습니다. 아주 드물게 영구치에도 생기지만 주로 유치에서 생겨요. 유치의 유착은 앞의 사례처럼 유치열이 완성되기 전이나 뿌리 형성이 완성되기 전에도 생길 수 있습니다. 그리고 유치 뿌리가 녹으면서 계승 영구치가 올라오는 과정에서도 일어나기도 합니다. 대개 유착치가 있을 때는 그 아래쪽에 영구치가 없는 게 많거나 영구치가 있더라도 영구치가 나는 것을 방해합니다. 따라서 유착치가 관찰되면 치과에서 방사선 사진을 찍어서 확인하세요.

유착이 심해지면 인접 치아의 정상적인 높이보다 아래에 위치하게 됩니다. 간혹 이런 유착 유치를 '침강치submerged tooth'라고 표현할 때가 있는데 엄밀한 의미에서는 잘못된 용어입니다. 유착치는 그 자리에 고정돼 있습니다. 그러니까 유착된 치아는 그냥 그 자리에 있는데 주변 치아들이 기능적 맹출로 올라오니까 상대적으로 가라앉아 보이는 것입니다. 실제로 이가 가라앉은 것은 아닙니다.

유착치를 적절하게 치료하기 위해서는 조기진단이 중요합니다. 유착치는 맹출이 되지 않고 주변 뼈도 정상적으로 자라지 않기 때문에 그 비어 있는 공간으로 맞은편의 치아가 내려오거나 옆의 치아들이 쓰러질 수 있습니다. 근본 치료는 이를 빼는 것 같은 외과적인 제거입니다. 하지만 옆의 이의 위치가 크게 바뀌거나 계승 영구치의 맹

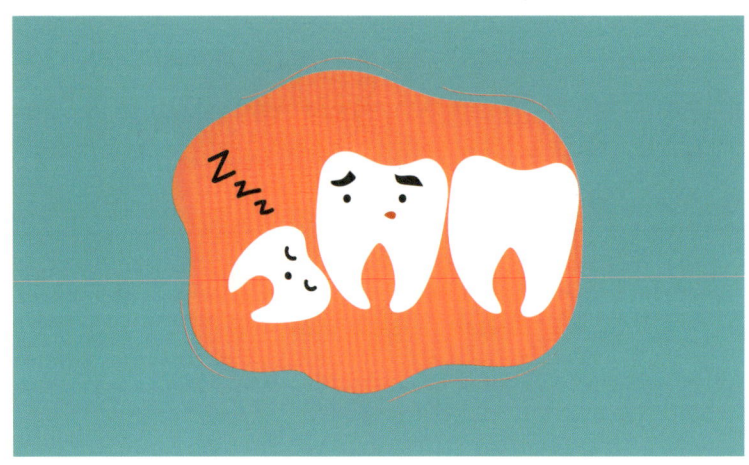

출을 방해하지 않는다면 계속 관찰을 합니다. 유착된 치아도 나중에 영구치가 자라면서 유치 뿌리를 흡수하면 정상적으로 빠질 수도 있어요. 다만, 아직 유치를 오래 써야 하고 주변 치아와 높이 차이가 심해서 맞은편 치아가 내려오거나 옆의 치아가 많이 이동한다면 크라운 등으로 치료해 높이를 맞출 필요가 있습니다. 치과를 찾아가 전문의에게 정확한 상담을 받아보세요.

9. 이가 빠져서 구멍이 생겼어요

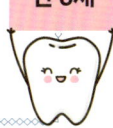
만 6세

Q "집에서 과자를 먹다가 이가 빠졌어요. 그런데 뿌리 모양이 이상해요. 모양이 고르지도 않고 끝이 톱니처럼 까칠한데 혹시 깨진 건 아닐까요?"

A 그동안 많이 흔들렸던 치아가 과자를 먹다가 빠진 것이라면 걱정하지 마세요. 영구치는 잇몸뼈 속에서 유치의 뿌리를 흡수하면서 조금씩 올라옵니다. 뿌리가 흡수된 유치는 유치 뿌리가 거의 남아 있지 않아 흔들려서 빠지는 거예요.

이때 영구치가 유치 뿌리를 수평으로 고르게 흡수하는 것은 아니다 보니 뿌리 끝이 까칠하고 불규칙해 보일 수 있어요. 특히 아래 앞니는 영구치가 혀 쪽에 있으면서 유치를 흡수시키므로 많은 경우 뿌리가 앞쪽이 길어 보이게, 즉 경사지게 보일 수 있습니다.

다만, 이가 빠질 때 치아가 부러지는 소리가 났다든가, 많이 흔들리지 않던 치아가 과자를 깨물어 먹을 때의 과도한 힘으로 빠진 것이라면 치과에서 엑스레이로 찍어서 확인해보세요. 엑스레이를 찍으면 뿌리가 남았는지를 자세히 알 수 있습니다. 유치 어금니는 영구치가 바깥쪽으로 맹출할 때 유치의 뿌리가 일부 남아 부러지는 경우도 종종 발생합니다. 설령 뿌리가 남았다 하더라도 대부분은 영구치가 올라오

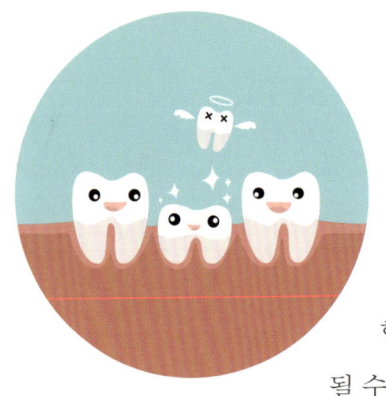
면서 흡수하거나 영구치에 떠밀려 올라오므로 굳이 쑤셔서 뽑거나 하지 않습니다. 유치의 남은 뿌리를 제거하기 위해 기구로 지나치게 힘을 주면 자칫 영구치의 싹이 손상될 수 있기 때문입니다.

치아가 빠진 자리에 생긴 구멍은 곧 아물어서 없어지기 때문에 걱정하지 않아도 됩니다. 발치 당일에는 음식물이 끼지 않도록 피가 나더라도 부드럽게 양치질을 해주세요. 추가로 가글을 해주면 더 좋습니다.

이가 빠진 날 당일은 피가 계속 조금씩 스며 나올 수가 있습니다. 참고로 치과에서 뽑았을 때도 마찬가지입니다. 피를 뱉어내면 피가 계속 나므로 되도록 삼키는 것이 좋습니다. 그리고 빨대를 사용하면 입 안에 음압 작용이 일어나 피가 더 날 수 있습니다. 음식은 특별히 주의할 것은 없으나 자극적이거나 뜨거운 음식은 피해야 합니다.

간혹 아이들에 따라 치아가 빠지고 나서 아프다고 하는요. 그럴 땐 아세트아미노펜 계열의 진통제를 먹이면 됩니다. 계속 통증이 있거나 잇몸이 부풀어 오르는 등의 증상이 있으면 치과에 가서 검진을 받으세요.

10. 이가 흔들리는데 언제 뺄까요

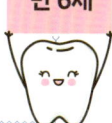

만 6세

Q "아이가 얼마 전부터 이가 흔들린다면서 손으로 자꾸 만집니다. 앞니가 흔들려서 먹는 것도 좀 불편해하는 것 같은데 언제쯤 이를 빼주어야 할까요?"

A 이가 흔들린다는 것을 확인한 뒤에 치과에 방문해서 바로 그날 빼는 게 가능한지 묻기도 합니다. 그런데 이가 흔들린다고 해서 무조건 빼지는 않습니다. 엑스레이를 찍은 뒤에 영구치가 충분히 올라왔는지 확인한 뒤에 이를 뺍니다.

영구치가 정상적으로 나오고 있으면서 유치가 쓰러질 정도로 많이 흔들릴 때 빼는 것이 좋습니다. 이때가 아이가 가장 안 아프게 이를 뺄 수 있는 시기입니다. 소위 밥 먹다가 빠지는 경우이지요. 하지만 간혹 영구치는 나는데 유치가 흔들리지 않기도 합니다. 이럴 때는 유치를 강제로 빼주어야 할 수도 있습니다.

이를 빼려고 치과를 방문하기 전에 아이에게 아무런 말도 하지 않고 올 때가 있습니다. "돈가스 먹으러 가자." 하고 데리고 나와서는 곧바로 치과에 왔다가 아이가 울고불고 난리가 나는 거죠. 이처럼 아무런 이야기도 하지 않고 치과에 데려오면 아이가 겁을 먹고 치료를 거부할 수도 있습니다. 이가 흔들린다는 것을 알게 됐을 때 아이에게

차분하게 이야기하는 게 좋습니다. 이제 아기 이가 빠지고 새 이가 나면서 형이나 언니가 되는 것이라고 긍정적인 말을 해주는 거죠.

이를 빼고 난 뒤에 넣은 거즈는 10분 정도 있다가 빼주세요. 국소마취를 하고 발치한 경우라면 마취가 다 풀릴 때인 2시간 정도 뒤까지 음식물 섭취를 제한해주세요.

영구치 나는 순서

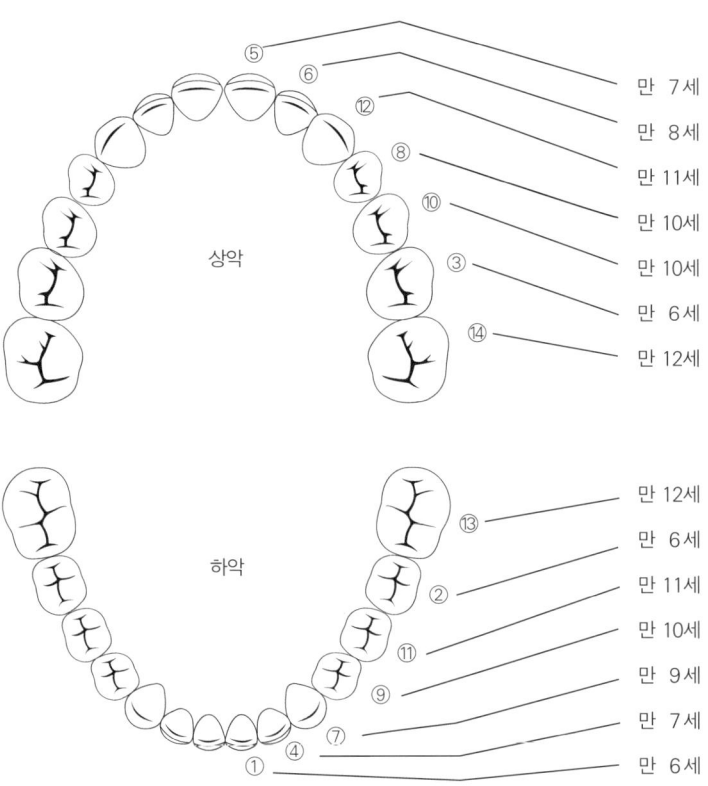

영구치는 유치가 빠지는 순서대로 난다.

[진료실 스케치]

유치의 생

저는 치과 중에서 소아치과를 전공한 것이 정말 다행이라 생각합니다. 소아치과는 아이의 성장이 두드러지게 느껴지는 과입니다. 저만 보면 빽빽 울던 아이가 울먹이면서 치료를 받기도 하고 어느 날은 훌쩍 큰 형아가 돼 입을 쩍 벌리기도 합니다. 그러더니 어느 날부터는 능글스럽게 농담을 하는가 하면 여드름이 숭숭 나고부터는 과묵한 청소년이 되기도 합니다. 아이가 커가는 것을 바라보면서 저도 함께 성장합니다.

유치는 수명이 명확한 치아입니다. 앞니는 5, 6년 정도, 어금니는 10년 정도 사용하면 다음 치아인 영구치에게 자리를 비켜주어야 합니다. 유치가 빠지는 과정을 보면 때로는 숭고함이 느껴지기도 합니다. 유치는 10년 동안 그 자리에서 음식을 씹고 발음기관으로서 역할을 합니다. 무엇보다 유치가 하는 가장 중요한 역할은 영구치의 싹이 잘 자랄 때까지 그 위에서 영구치의 싹을 보호하고 영구치가 나올 자리를 잡아두는 역할을 묵묵히 하는 것입니다. 그러다 새로운 치아가 올라오면 뿌리는 다 녹아버리고 치아 머리만 남아 조용히 빠져버립니다. 드디어 새로운 세대로서 영구치 세대로 들어서게 됩니다.

간혹 유치가 고집스럽게 빠지지 않는 경우가 있습니다. 무엇이 원인인지는 정확히 모르지만 영구치가 유치 뿌리를 녹이지 못해 영구치가 방황하며 다른 쪽으로 방향이 휘거나 물주머니가 생기기도 합니다. 이런 경우 가혹한 일을 당하는 쪽은 빠지지 못하는 유치입니다. 마취를 한 뒤 인정사정없이 빼버립니다. 스스로 비키는 것보다 비켜짐을 당하는 것은 서글픈 일입니다. 이때 빠지지 못한 유치는 그동안의 노고와 상관없이 장애물 취급을 당합니다.

간혹 너무 오래 유치가 막고 서 있는 경우 영구치는 방황을 하다가 나갈 힘을 잃어버리기도 합니다. 그러면 뽑히는 쪽은 영구치가 됩니다. 제대로 한 생을 살아보지도 못하고 뼈 안에 묻혀 있다가 뽑히는 영구치의 생은 안타까움을 불러일으킵니다. 사람의 생도 그런 것 같습니다. 상황도 변하고 인생도 변합니다. 아이는 커서 청년이 되고 청년은 나이가 들어갑니다. 누군가는 다른 누군가의 자식으로 성장하다가 또 다른 자식의 부모가 됩니다.

유치의 생을 보며 부모의 생을 떠올리게 됩니다. 부모의 역할은 아이가 잘 자라서 자신의 역할을 할 때까지 품 안에서 잘 보호하고 있다가 아이가 세상을 향해 나가고 싶을 때는 묵묵히 뒤로 물러나주는 것이 아닐까요. 부모가 오래 고집스럽게 버티면 자식은 방황하다가 세상으로 나가려는 힘을 잃어버리기도 합니다. 이때 부모가 뽑히든 자식이 뽑히든 두 상황 모두 비극입니다.

"물러날 때를 아는 사람은 아름답다."

자주 인용되는 말입니다. 또 그만큼 지키기 어려운 말이기도 하지요. 주위를 둘러봅니다. 나의 완강함으로 휘어지고 방황하는 어린 청춘이 있지 않은지 말입니다.

2장
—
충치가 생겼어요

    치아 건강이 평생 건강의 기초가 된다는 것은 다들 공감할 겁니다. 오복 중 하나로 치아 건강이 나오기도 하지요. 특히 어린이의 치아 건강은 평생의 치아 건강에 영향을 미치고 영양 섭취와 성장 발육에도 영향을 줄 수 있어서 더 중요하다고 볼 수 있습니다.

    치아우식증은 흔히 충치라고 부릅니다. 국민건강보험공단 조사를 보면 외래 진료 중에서 치아우식증은 치주질환, 급성 기관지염, 본태성 고혈압에 이어 4위를 차지하고 있습니다. 진료비 역시 상당해서 국가적으로 큰 부담이 되고 있습니다. 최근 선진국을 중심으로 치아우식증의 전반적인 감소 추세가 보고되고 있습니다. 하지만 아직까지 우리나라에서는 초중고생의 평균 치아우식증 유병률은 22.84퍼센트로 학생 4명 중 1명이 치아우식증을 가지고 있습니다. 아마 미취학 아동까지 내려가면 더 많을 것으로 예상됩니다. 그만큼 부모님들도 치아와 관련해 치아우식증을 많이 걱정합니다.

    이번 장에서는 치아우식증이 무엇인지 살펴보고 여러 궁금증에 대해 대답해보려고 합니다.

1. 충치는 왜 생기는 걸까요

충치, 즉 치아우식증은 일종의 화학 반응이라고 볼 수 있습니다. 치아 표면에 붙어 있는 세균들이 입 안에 들어온 당분을 먹고 산을 만들어 치아를 녹여내서 생기는 것입니다. 이렇게 충치가 생기려면 치아, 충치 원인균, 당분이 필요합니다. 따라서 셋 중 하나를 효과적으로 차단한다면 충치를 예방할 수 있습니다.

치아를 튼튼하게 하기

세균이 산으로 공격을 할지라도 치아 자체가 단단하면 덜 상합니다. 이때 도움이 되는 성분이 바로 불소fluoride입니다. 불소는 현재까지 치아를 보호하고 단단하게 만드는 것으로 알려진 유일한 성분입니다. 집에서는 불소치약으로, 치과에서는 불소 도포로 치아를 보호할 수 있습니다.

충치 원인균 증식 억제하기

충치 원인균은 주로 보호자로부터 아이에게 전염됩니다. 한 연구에 따르면 아이가 갓 태어났을 때는 주요 충치 원인균인 뮤탄스균이 발견되지 않았습니다. 하지만 생후 3개월 된 영아에게서 발견됐고 생후 6개월 어린이의 50퍼센트 이상에게서 발견됐습니다. 만 2세 어린이의 약 84퍼센트가 충치 유발 세균에 감염된다고 합니다.

충치의 원인과 진행 과정

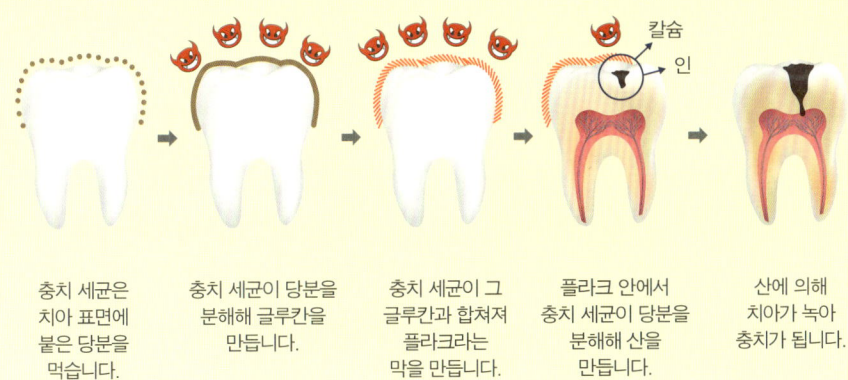

| 충치 세균은 치아 표면에 붙은 당분을 먹습니다. | 충치 세균이 당분을 분해해 글루칸을 만듭니다. | 충치 세균이 그 글루칸과 합쳐져 플라크라는 막을 만듭니다. | 플라크 안에서 충치 세균이 당분을 분해해 산을 만듭니다. | 산에 의해 치아가 녹아 충치가 됩니다. |

보호자의 입 안 세균 수를 줄이면 어린이의 입 안에 뮤탄스균이 자리잡는 것을 억제할 수 있습니다. 특히 만 3세까지 대부분의 어린이가 감염이 됩니다. 따라서 아이와 다른 숟가락을 사용하거나 직접 뽀뽀하지 않는 등 세균을 옮기지 않도록 주의하세요.

한 번에 먹는 습관 들이기

충치가 생기는 데는 PH(산성도)가 중요합니다. 평소 우리의 입속 산성도는 PH7 정도로 중성에 가깝습니다. 식사를 하면 입속 산성도가 낮아져서 산성 쪽에 가까워집니다. 식사가 끝나고 시간이 지나면 침의 활동으로 입속은 자연스럽게 중성으로 돌아가 회복됩니다. 그런데 식사와 식사 사이에 몇 차례 간식을 먹거나 주스나 사탕을 계속 먹으면 입속은 산성 상태가 유지됩니다. 입 안에 산성 상태가 오래 유지되면, 즉 당분이 오래도록 치아에 남아 있으면 충치가 생길 확률이 높아지게 됩니다. 그래서 '한 번에 먹는 습관'이 필요하답니다. 자주 양치질을 해서 음식물을 닦아내는 것도 중요합니다.

2. 충치 예방에 불소가 효과가 있나요

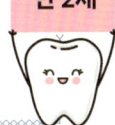
만 2세

"밤중 수유를 조금 길게 했더니 치아에 조금씩 충치가 생기는 것 같아 치과에 갔습니다. 그랬더니 불소 도포를 하면서 지켜보자고 하네요. 불소는 어떤 효과가 있나요?"

불소는 치아를 강하게 하고 충치균을 약하게 합니다. 불소는 충치 예방에 세 가지 효과가 있습니다. 첫 번째, 치아의 법랑질enamel에 불소가 들어가게 되면 법랑질의 성분에 변화가 생겨 충치를 만드는 산을 견디는 치아가 됩니다. 법랑질은 치아의 가장 바깥면을 감싸며 상아질을 보호하는 유백색의 반투명하고 단단한 물질입니다. 두 번째, 아주 초기 단계의 충치라면 원상태로 회복되게 합니다. 세 번째, 치태(플라크) 속으로 불소가 들어가면 충치 세균의 발육이나 활동을 억제합니다.

불소는 우연히 발견됐습니다. 불소가 충치를 예방한다는 사실이 알려진 것은 20세기부터입니다. 1900년대 초반 미국 콜로라도 지역 주민들의 치아에 이상하게도 갈색 반점(반상치)이 많이 나타난 게 발견됩니다. 그 지역에만 유독 이런 현상이 나타나는 것을 이상하게 여겨 역학조사를 했더니 토양의 특성으로 지역의 식수에 지나치게 많은 양이 들어 있던 불소 때문이었다는 게 밝혀집니다. 그와 더불어 그 지역의 충치 발생률도 현저히 낮은 것이 알려지면서 '불소가 충치 예방에 효과가 있을까?'라는 가설을 바탕으로 여러 지역의 식수에 들어 있는 무기질의 함량과 충치 발생 정도를 조사합니다. 그 결과 다른 무기질에서는 별 차이가 없는데 불소가 많을수록 충치 발생이 적게 나타났습니다. 또한 일상적인 고농도 불소를 장기 음용하면 콜로라도 주민들처럼 치아에 반점이 생기지만 적정 농도의 불소에서는 반점이 안 생기고 충치 발생이 줄어든다는 것을 알게 됩니다.

1945년 이후 미국의 일부 지역에서는 상수도에 1.0ppm*의 저농도 불소를 투여해서 각 가정에 보급했습니다. 이것이 '수돗물 불소화' 사업의 시작입니다. 우리나라는 1982년에부터 청주와 진해에서 시범적으로 0.7~0.8ppm의 저농도로 상수화 불소화를 시행했습니다. 하지만 현재는 식수에 불소를 주입하는 것에 대한 국민적 동의를 얻지 못해 모든 사업이 중단된 상태입니다.

사실 콜로라도에서 나타났던 불소로 인한 갈색 반점이 나타나려면 오랜 기간 계속해서 고농도의 불소를 섭취해야 해요. 우리가 현재 사용하는 정도의 불소는 걱정을 안 하셔도 됩니다. 예를 들어 미국 환경청에서는 하루에 섭취해도 좋은 불소의 양을 체중 1킬로그램당 0.05밀리그램으로 정해놓았습니다. 만 2~3세 어린이(체중 평균 15킬로그램)가 섭취해도 되는 불소의 양은 0.75밀리그램 정도입니다. 하루 두 번 500ppm의 불소가 함유된 치약을 완두콩 크기로 사용하게 되면

---

* ppm은 parts per million의 약자로서 100만 분의 1을 나타내는 단위이며 무게 또는 부피에 대해 사용합니다. ppm 농도란 어떤 용질 1밀리그램이 용액 100만 밀리그램(1킬로그램) 중에 들어 있는 농도입니다.

대략 0.3밀리그램의 불소를 사용하게 됩니다. 이것을 하나도 안 뱉고 다 삼킨다고 해도 하루 불소 섭취량에 훨씬 못 미치는 양입니다.

 치아에 불소를 사용하는 방법은 두 가지입니다. 집에서 불소치약을 사용하는 방법이 있고 치과에서 전문가가 시행하는 고농도 불소 도포를 받는 방법이 있습니다. 불소치약은 만 2세부터 사용을 권장하고 있습니다.* 치과에서 시행하는 불소 도포의 경우 권장 나이가 정해져 있지 않습니다. 치아가 약하거나 충치가 있으면 정기적으로 치과에 내원해 그 빈도를 결정하면 됩니다.

 불소는 만병통치약은 아닙니다. 불소를 바른다고 해서 모든 충치를 예방할 수는 없습니다. 대개 40~60퍼센트 정도의 충치 예방 효과를 보입니다. 충치의 진행 속도를 억제하거나 치아를 단단하게 만들어서 충치 세균의 공격으로부터 치아를 보호하는 보조제라고 생각하면 될 것 같습니다.

---

* 최근 세계소아치과학회IAPD에서는 치아가 보이는 순간부터 불소치약의 사용을 권장하고 있습니다. 불소치약의 권장 연령이 점점 어려지고 있는 추세입니다.

3. 아직 밤중 수유를 하고 있어요

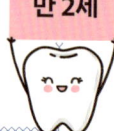

Q "얼마 전에 이를 닦아주다 보니 위쪽 앞니 두 개가 희끗희끗해 보였습니다. 자세히 보니 이가 삭은 건지 홈이 파여 있었는데요. 밤중에도 수유해서 그런가요?"

A 치아 관리를 위해 밤중 수유는 돌 이후에는 중단하는 것이 좋습니다. 밤중 수유를 계속하면 해당 사례처럼 여러 군데에서 치아가 삭는 충치가 많이 생기기 때문입니다.

충치가 생기는 과정은 일종의 화학 반응입니다. 따라서 처음부터 구멍이 생기는 것이 아니고 치아가 세균의 공격으로 녹는 탈회 현상이 먼저 시작됩니다. 탈회가 시작되면 치아가 분필 색처럼 희끗희끗하게 보입니다. 이런 부분이 국소적으로 나타나거나 전반적으로 나타나면 치아가 약해진 것입니다.

어린 나이에 동시에 여러 곳에서 충치가 발생해 빠르게 진행하는 것을 '다발성 우식증rampant caries'이라고 합니다. 밤중 수유를 하거나 입 안에 밥을 오래 물고 있거나 하면 잘 생깁니다. 아이가 불편해하지 않고 치과 방사선 검사 결과에서 염증이 없고 또한 보호자가 치아 관리를 잘 도와줄 수 있다면 밥 먹는 습관 등을 고치고 예방치료만 하고 지켜볼 수도 있습니다. 그렇더라도 다른 아이들보다 자주 치과에서 검진과 불소 도포를 받아야 해요. 집에서도 식사는 30분 이내에 끝내고, 간식 횟수를 줄이고, 저녁에 불소치약으로 양치한 후에는 물 이외의 음식물을 먹지 않게 하는 등 반드시 원칙을 지켜야 합니다. 아이가 불편해하거나 염증이 의심되거나 관리를 잘 해주지 못할 것 같으면 크라운 등으로 수복 치료를 해주는 것이 바람직합니다. 그냥 방치하면 충치가 진행돼 뿌리에 염증이 생기고 잇몸에 고름이 잡혀 영구치가 손상될 수 있습니다.

충치는 치아가 당분에 오래 노출될수록 생길 확률이 커집니다. 즉 치아가 쉴 시간이 없이 계속 음식물과 접촉되면 상할 수밖에 없습니다. 밤에 수유를 한다는 것은 아이의 치아를 우유로 한 겹 코팅을 한 채로 재우는 것과 같습니다. 낮에는 우유를 마시고 바로 양치를 하지 않아도 아이가 깨어 있으므로 혀가 움직이면서 닦아내거나 침이 많이 나와 씻겨집니다. 그런데 밤에는 아이가 혀를 움직이지 않고 침도 많이 나오지 않기 때문에 치아가 썩기 좋은 환경에 놓이게 되는 것이죠. 이런 습관이 1년 이상 지속되면 단단한 치아라도 견디기 힘들겠지요?

밤중 수유를 돌 이후까지 지속하는 것은 또 다른 문제를 불러일으킬 수 있습니다. 고형 음식을 먹지 않는 돌 이전의 아기는 우유 등을 삼킬 때 혀를 내밀어서 위아래 잇몸 사이에 놓고 턱을 아래로 떨어뜨리면서 삼킵니다. 이것을 '유아형 연하'라고 합니다. 이유식을 하고 유치 앞니가 나오면 혀가 점점 후방으로 이동하고 씹는 근육인 저작근이 발달하면서 입을 닫으면서 음식을 삼키는 '성숙형 연하'로 전환이 됩니다. 하지만 만 3~4세가 되도록 모유 수유나 젖병 수유를 계속한

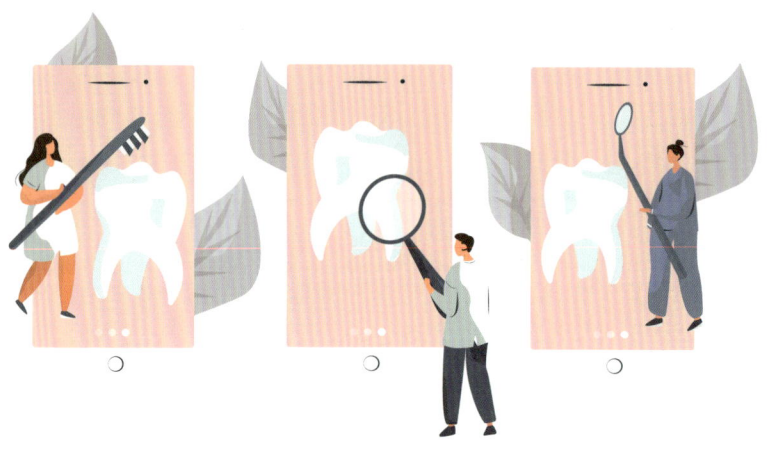

아이들은 이 연하의 전환이 제대로 이루어지지 못합니다. 그래서 침이나 음식물을 삼킬 때 혀를 내미는 유아형 연하의 모습이 남아 혀 내밀기 등의 습관이 생길 수도 있습니다. 또한 저작근이 제대로 발달하지 못해 음식물을 오래 입에 물고 있어서 밥을 잘 안 먹고 그러다 보니 우유를 끊을 수 없는 악순환이 생길 수 있습니다.

 이런 경우 저는 의학적 문제가 없다면 단호히 밤중 수유를 끊고 오라고 합니다. 밤중 수유를 끊지 않은 상태에서 하는 치료는 임시방편일 뿐이라서요. 저녁에 불소치약으로 깨끗하게 양치한 후 물 이외에는 아무것도 마시지 않아야 합니다. 그래야 빠른 속도로 진행되는 충치를 어느 정도 멈출 수 있습니다.

4. 어차피 빠질 유치를 치료해야 할까요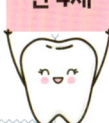

Q "충치가 심해서 재워서 치료하기로 했습니다. 그런데 주변에서 유치인데 뭐 하러 치료를 하냐면서 하지 말라고 합니다. 안 해도 괜찮을까요?"

A 유치는 어차피 빠질 건데 왜 힘들게 치료를 해야 하냐고 묻는 분들이 종종 있습니다. 물론 유치는 수명이 명확한 치아이기 때문에 곧 빠지거나 초기 충치면 치료하지 않습니다. 유치의 가장 중요한 역할은 영구치가 뼛속에서 잘 자라는 동안 씹는 기능을 유지하고 영구치가 나올 수 있도록 자리를 잡아주는 것입니다. 또 그 자리에 잘 날 수 있도록 유도하는 역할을 합니다. 이러한 유치에 심한 충치가 생겼는데 치료하지 않고 두면 어떻게 될까요?

유치에 심한 충치가 생기면 아이가 많이 불편해하고 통증이 심해질 수 있습니다. 반대로 충치가 매우 심한데도 아파하지 않을 때도 있습니다. 아이들은 충치의 정도와 통증의 정도가 반드시 비례하지 않기 때문입니다. 그래서 괜찮다고 생각하고 내버려두면 충치가 치아 뿌리 끝까지 진행됩니다. 뿌리 끝에 도달한 충치 세균은 농양을 만듭니다. 그런데 이 농양이 유치 아래에 있는 영구치 싹에 영향을 주어서 영구치가 엉뚱한 방향으로 나거나 아예 나오지 못할 수도 있습니다. 혹은 법랑질 저형성증 형태로 상한 이가 나는 경우도 종종 생깁니다.

　이렇게 심한 경우가 아닌 충치라도 오래 두어 깨지게 되면 그 빈 곳으로 이웃하고 있는 치아들이 이동하게 됩니다. 유치는 영구치가 나올 때까지 자리를 잡아주는 중요한 기능이 있습니다. 유치가 이동하면서 영구치가 나올 공간이 부족해지면 부정교합의 위험이 커집니다. 또한 치료하지 않은 유치 때문에 밥을 먹을 때 시리거나 음식물이 자꾸 끼어 불편합니다. 그래서 아이들이 밥을 씹지 않고 물고 있게 되고 식사량도 줄어듭니다. 이런 습관이 계속되면 씹는 근육이 잘 발달하지 못합니다.

　충치를 방치하면 입 안에 충치 유발 세균의 수가 증가해 다른 치아에도 충치가 생길 위험성이 커집니다. 특히 영구치 어금니가 맹출하는 시기인 만 6세쯤 새로 나오는 영구치에 충치가 생길 확률이 높아집니다. 아이들의 심미적인 문제도 간과할 수 없습니다. 만 4세 이후부터는 또래와 상호작용을 하며 사회성을 형성하는 중요한 시기입니다. 이 시기에 아이에게 시커먼 충치나 썩어서 부서진 치아 때문에 놀림의 대상이 될 수도 있고 자신감을 잃을 수도 있습니다. 실제로 어떤 아이는 충치가 생긴 앞니 때문에 유치원에서 항상 입을 손으로 가리고 있었습니다. 따라서 유치의 기능과 역할을 가볍게 생각하지 말고 반드시 적절한 치료를 받아야 합니다.

5. 이가 약한 체질이 따로 있나요

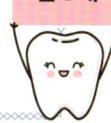
만 5세

Q "우리 아이는 유난히도 이가 잘 썩습니다. 벌써 7개나 치료를 받았습니다. 칼슘이 부족해서 그럴까요? 저도 이가 약한 체질이라 치료를 많이 받았습니다. 저를 닮은 것일까요?"

A 충치도 다른 질환들처럼 분명히 유전적으로 타고나는 부분이 있습니다. 제 아이가 편도가 약해서 매번 편도염이 걸려 고생했던 것처럼 유독 치아가 약해서 다른 아이들보다 고생하는 아이들이 있습니다.

치아는 한 겹이 아니라 여러 겹의 구조로 이루어져 있습니다. 치아의 가장 안쪽에는 일반적으로 신경이라고 부르는 '치수pulp'라는 조직이 자리하고 있습니다. 치수는 연하고 무른 조직인 '상아질dentin'이 에워싸고 있습니다. 그리고 이 상아질은 단단한 법랑질이 덮고 있습니다.

법랑질은 사기그릇과 유사하다고 생각하면 됩니다. 그래서 사기질이라고도 불러요. 이 법랑질이 단단하고 두꺼울수록 치아는 튼튼합니다. 그런데 태어날 때부터 법랑질이 푸석푸석하거나 얇은 아이들이 있습니다. 이런 아이들은 세균에게 산 공격을 당했을 때 쉽게 부서져 충치가 잘 생깁니다. 선천적으로 치아가 약하다고 판단되면 검

치아의 구조

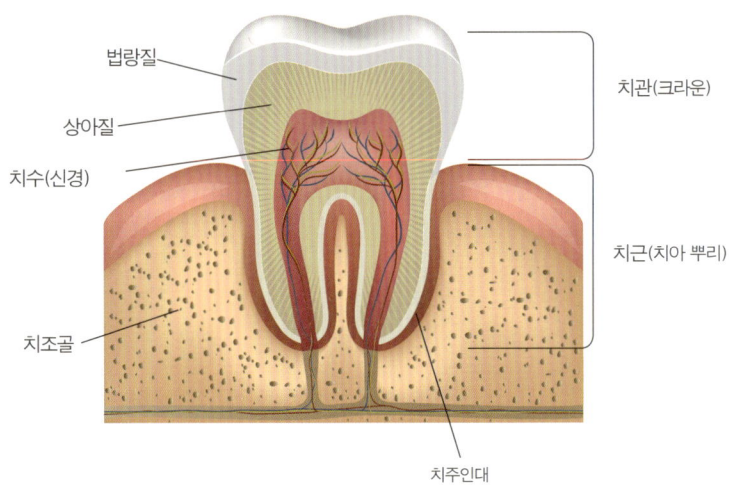

진과 치료를 받아야 합니다.

  치아가 약한 이유는 이렇게 법랑질이 약해서일 수도 있고 충치를 일으키는 세균이 다른 아이들보다 많아서일 수도 있습니다. 그 외에 보호자들이 인지하지 못하지만 요구르트 같은 음료를 자주 먹는다든가 밥을 물고 있는다든가 하는 등의 좋지 못한 식이 습관 때문일 때도 많습니다. 앞서 설명한 대로 음식을 자주 계속 먹으면 입 안에 산성 환경이 지속돼 충치가 생기기 쉽습니다.

6. 잘 안 먹는 게 교합 문제일까요

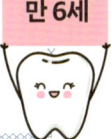
만 6세

Q "어릴 때부터 뭐든 잘 안 먹었어요. 밥도 물고 있어서 식사 시간이 매번 한 시간을 넘어가요. 고기도 잘 안 씹으려고 하고요. 혹시 교합에 문제가 있는 걸까요?"

A 특별히 입 안 감각이 예민한 아이들이 있습니다. 더군다나 먹는 것에 별로 관심이 없는 아이라면 먹는 게 불편한 상태라서 더더욱 먹는 걸 힘들어할 수 있습니다. 이런 경우는 대개 치아 교합의 문제는 없습니다. 물론 전신질환을 가진 경우나 아주 드물게 정상적으로 교합이 되지 않는 치열이 있으므로 검진을 받아볼 필요는 있습니다.

우리가 근육 운동을 하지 않으면 몸에 근육이 없어서 간단한 윗몸 일으키기도 하기 어려운 것과 마찬가지예요. 우리 입 주변에 있는 씹는 근육도 잘 사용하지 않으면 힘이 생기지 않게 됩니다. 우리 몸의 근육을 단련하기 위해서는 운동을 해야 합니다. 마찬가지로 아이의 씹는 근육의 힘을 길러주기 위해서는 자꾸 씹게 하는 방법밖에 없습니다.

먼저 식사 시간은 30분 이상 넘기지 않게 해주세요. 그 이유는 식사 시간이 두 배로 늘어난다고 해서 아이의 식사량이 두 배가 되지

는 않기 때문입니다. 오히려 오래 물고 있으면 치아가 상할 수 있으니 30분을 넘기지 않는 것이 좋습니다.

　두 번째는 아이가 수시로 씹는 연습을 하도록 해주세요. 아이가 껌 씹는 것을 좋아한다면 자일리톨 껌을 씹게 하는 것도 좋은 방법입니다. 껌 이외에도 아이가 좋아하는 음식이나 덜 싫어하는 음식 중에서 좀 질기고 단단한 음식을 활용할 수도 있습니다. 음식을 잘게 썰어서 부모님이 아이와 마주보면서 다섯 번 씹고 넘기는 연습도 함께 해주세요. 이 시기의 아이들은 모방의 천재이기 때문에 아이 앞에서 즐겁게 음식을 꼭꼭 씹는 모습을 보여주는 것이 좋은 자극이 될 수 있습니다. 단, 이때 아이에게 씹는 것을 지나치게 강요하거나 혼내면서 하면 나쁜 기억이 생길 수 있습니다.

　밥을 물고 있는 습관을 고치는 것은 하루아침에 되지 않습니다. 아이가 커가면서 분명히 서서히 나아지는 부분이 있고 꾸준히 유도하다 보면 어느 순간 밥도 잘 먹고 쑥 자란 것을 깨닫게 됩니다. 그때까지 부모님의 꾸준한 인내가 필요합니다.

[진료실 스케치]

그래서 충치가 몇 개라는 건가요?

대학병원에 있다 보면 난감할 때가 있습니다. 바로 A병원에서는 충치가 ○개라고 했는데 B병원에서는 치료할 것이 없다고 했다며 어느 병원 말이 맞느냐고 물어보는 부모님들을 만날 때입니다. 부모님들로서는 왜 병원마다 충치의 개수가 차이가 나는지 혼란스러운 듯합니다. 이해는 됩니다. 하지만 제가 볼 때는 두 병원 말이 다 맞는 경우가 많습니다.

그건 충치의 특수성 때문에 그렇습니다. 유치는 시기의 차이는 있지만 영구치로 대체되는 수명이 명확한 치아입니다. 따라서 유치의 치료 계획을 세울 때 영구치와 기준이 달라질 수밖에 없습니다. 아직 5~6년을 더 써야 하는 만 5세 아이의 유치 어금니의 충치 치료와 1, 2년이면 영구치가 나올 3학년 아이의 충치 치료의 기준이 같을 수는 없겠죠?

또한 아이들의 충치 치료에서 기준이 되는 것은 '충치의 개수'가 아니라 해당 충치의 '진행성 유무'입니다. 즉 이 충치가 그대로 멈춰 있는 충치인지, 계속 진행되는 충치인지에 따라 치료가 결정됩니다. 이 충치의 진행성을 결정하는 것은 타고난 치아의 단단함 정도, 아이의 평소 식이습관, 구강위생 관리 정도, 구강 내 세균과 충치 활성도 정도 등에 따라 달라질 수 있습니다. 그 때문에 애매한 충치는 정기적인 검진으로 그 진행성의 정도를 판별한 뒤 치료 계획을 세워야 합니다. 그래서 소아치과에서는 늘 정기적인 검진을 강조합니다.

이런 이유로 어떤 아이의 충치가 ○개이면서 동시에 치료할 것이 없다는 상반된 이야기가 다 정답일 수 있는 것입니다.

3장

영구치 관리는 어떻게 하나요

평균 만 6세가 되면 아래 유치 앞니부터 탈락되면서 영구치로 전환이 됩니다. 20개의 유치가 시차를 두고 평균 만 12세까지 영구치로 전환합니다. 이렇게 유치와 영구치가 공존하는 시기를 혼합치열mixed dentition이라고 합니다. 이 시기에 8개의 치아는 유치가 빠지지 않고 나오게 되는데 이를 큰 어금니 또는 대구치라고 부릅니다. 제1대구치는 만 6세경 4개가 맹출하고 제2대구치는 만 12세경에 맹출합니다. 만 12세가 되면 28개의 영구치가 맹출한 영구치열기가 완성됩니다.

우리 신체 중에서 이렇게 기존의 것이 다 빠지고 새로운 것이 나오는 부위는 치아가 유일합니다. 따라서 이 시기의 치아 관리는 매우 중요합니다. 이 시기에는 동적인 과정이 많이 일어나므로 그에 따라 많은 변화가 생깁니다. 정기적인 검진이 무엇보다 중요한 시기입니다.

1. 유치가 약하면 영구치도 약한가요

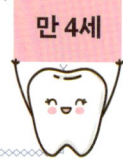

Q "아이의 유치가 태어날 때부터 약하더니 밥도 물고 있어서 다 상했습니다. 영구치도 이렇게 다 약하게 나올까 봐 너무 걱정입니다. 유치가 약하면 영구치도 약한가요?"

A 유치가 약하다고 해서 영구치가 무조건 약한 것은 아닙니다. 유치와 영구치는 나오는 시기와 발육 방법 등이 다르기 때문입니다. 하지만 유전적인 영향은 있습니다. 부모님 중 치아가 약한 분이 있으면 아이도 치아가 약할 수 있어요. 어릴 때부터 관리를 잘 해주는 것이 필요합니다.

유치는 영구치보다 특히 더 충치가 잘 생기고 진행 속도가 빠른 경향이 있습니다. 그 이유는 몇 가지가 있습니다. 치아를 싸고 있는 법랑질의 두께가 충치 진행에 중요합니다. 그런데 유치는 이 법랑질이 영구치에 비해 얇습니다. 따라서 같은 세균의 공격에도 유치가 영구치보다 훨씬 빠르고 더 깊게 충치로 진행될 수 있습니다. 유치는 법랑질 아래쪽 상아질의 두께도 영구치보다 얇아서 충치가 신경치료를 받을 단계까지 금방 진행됩니다. 또 신경이라 불리는 치수 조직은 치아의 머리 쪽으로 돌출된 구조입니다. 그러다 보니 이 부위로 충치가 진행되면 별로 안 썩은 것 같은데도 신경치료를 해야 할 수도 있

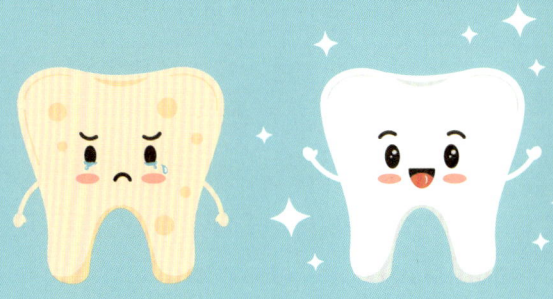

습니다. 유치가 영구치보다 충치 진행 속도가 훨씬 빠르고 치료도 자주 해야 하니 정기적인 검진이 꼭 중요합니다.

영구치는 유치보다 일반적으로 크며 법랑질과 상아질이 두꺼운 편이고 치아 색은 좀 더 노란색을 띠는 경향이 있습니다. 그러나 영구치는 완성된 상태로 나오는 것이 아닙니다. 먼저 나온 다음 성숙이 진행됩니다. 따라서 나온 직후의 영구치는 형태학적, 조직학적으로 성숙되지 못하고 미완성이므로 성인의 성숙된 영구치와는 많은 차이가 있습니다. 미성숙 영구치는 충치 예방과 치료에 특별한 배려가 필요해요. 임상적으로 '초기 영구치'라는 용어를 사용하고 있습니다.

초기 영구치는 치아 외형에 비해 치수가 크고 돌출돼 있어서 성숙 영구치에 비해 치수가 노출될 위험성이 높습니다. 또 뿌리 형성이 완료되지 않아 치아 뿌리가 짧고 뿌리 끝이 열려 있습니다. 따라서 신경 치료를 할 때 성숙 영구치와는 다른 특별한 고려와 치료 방법이 필요합니다. 조직학적으로도 성숙 영구치보다 상아질이 얇아 외부 자극의 전달이 빠르고 법랑질의 석회화도 역시 높지 않아서 산에 쉽게 녹을 수 있습니다. 즉 충치의 진행 속도가 빠를 수 있다는 뜻이지요.

또한 초기 영구치는 한 번에 교합되는 위치까지 쑥 나오는 것이 아니라 1년 정도 기간을 두고 천천히 나옵니다. 큰 어금니는 구강의 제일 안쪽에서 맹출하고 오랜 기간 잇몸에 덮여 있고 교합면 높이도 맞지 않습니다. 그 때문에 이 치아를 닦기가 상당히 어렵고 칫솔질을 할 때 놓치게 되는 경우가 많습니다. 따라서 반드시 이 치아만 따로 잘 닦아주어야 합니다. 어금니 칫솔 같은 칫솔모가 작은 특수한 칫솔이 도움이 됩니다.

유치 아래에 있다가 맹출하는 계승 영구치는 선천적으로 약하게 나오는 경우도 있고 유치 때문에 후천적으로 약하게 만들어지는 경우가 있습니다. 유치의 충치를 치료하지 않으면 염증이 생길 수 있습니다. 이 염증이 자라는 영구치의 싹에 영향을 주어서 법랑질 저형성증 형태로 나올 수 있습니다.

2. 어금니가 나올 때부터 노랗고 약해요

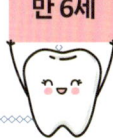
만 6세

Q "아이의 영구치 어금니가 나올 때부터 색깔이 노랗고 푸석하더니 시리고 불편하다고 해요. 치과에 갔는데 '법랑질 저형성증'이라고 해요. 왜 이렇게 난 것일까요? 꼭 치료해주어야 하나요?"

A 법랑질은 치아를 가장 바깥쪽에서 둘러싼 단단한 층입니다. 원인과 관계없이 넓은 의미에서 보자면 법랑질이 형성이 잘 안 된 경우를 '법랑질 저형성증 enamel hypoplasia'이라고 합니다. 유전적 요인이나 치아가 형성되는 시기에 전신적인 원인 등으로 모든 치아에 전반적으로 법랑질 저형성증이 나타나기도 합니다. 하지만 이는 드문 편입니다. 대개 위 경우처럼 새로 나온 치아에 더 많이 나타납니다.

만 6세쯤에 새로 나오는 큰 어금니 한 개 또는 네 개 모두에 법랑질 저형성증이 나타나면서 비슷한 시기에 나오는 앞니 영구치에도 보이면 '어금니-앞니 저광화 MIH, Molar Incisor Hypomineralization'라는 질병 명으로 따로 분류하고 있습니다.

어금니-앞니 저광화는 영구치가 나오는 시기 전체 어린이의 20~25 퍼센트 정도가 갖고 있을 정도로 흔한데 최근 더 증가하는 추세입니다. 원인은 명확히 밝혀지지 않았습니다. 다만, 해당 치아들이 발육하는 시기인 출생 직전의 임신 말기부터 만 3세까지 겪는 천식, 중이염,

영구치 어금니가 나오는 시기인 만 6~7세 사이에는 치과 검진을 받는 것이 중요합니다.

편도염, 수두, 홍역, 풍진 같은 전신질환의 영향 때문일 수 있습니다. 칼슘 등 영양 결핍이나 스트레스로 인한 호르몬 장애도 영향을 미치는 것으로 추정하고 있습니다. 일부 연구에선 감기 등에 대한 항생제 사용도 관련 있는 것으로 알려졌습니다. 최근 우리나라 소아를 대상으로 한 연구에서 임신 말기 흡연과 만 3세 이전의 상기도, 즉 기도 중 상부에 해당하는 코, 인두, 목구멍, 후두 등에 발생한 감염이 어금니-앞니 저광화 발생과 유의미한 연관성을 갖는다는 사실이 알려지기도 했습니다.

어금니-앞니 저광화 치아는 이가 나올 때부터 약하고 푸석하기 때문에 양치질을 하거나 찬물을 먹을 때 시릴 수 있고 표면이 거칠어서 음식물이 더 잘 끼게 돼 충치도 더 잘 생깁니다. 아이들은 그 부분이 불편하다 보니 양치질을 잘 안 하려 합니다. 그러니 약한 치아에 충치까지 심해집니다. 그래서 치과를 찾았을 때는 보통 심하게 진행된 경우가 많습니다. 그 때문에 영구치 어금니가 나오는 시기인 만 6~7세 사이에는 치과 검진을 받는 것이 중요합니다. 아이가 양치질을 하거나 아이스크림이나 초콜릿 등 좋아하는 음식을 먹는데도 시려 한다면 검사를 받아보세요.

  치료는 저형성증 정도에 따라 달라집니다. 증상이 가볍고 저형성증 정도가 심하지 않으면 불소 도포와 레진 수복으로 치료가 가능합니다. 저형성증 부위가 광범위하거나 치아가 부서지기 시작하면 추가 손상을 막기 위해 크라운을 씌워야 할 수 있습니다. 거기에 충치가 심하게 진행되면 신경치료도 할 수 있습니다. 이때 아이들에게 사용하는 크라운은 어른들처럼 본을 떠서 제작해 끼우는 주조금속관이 아니라 흔히 '은니'라고 말하는 기성금속관을 씌웁니다. 성장기 어린이는 턱뼈와 잇몸뼈가 지속적으로 변화하며 그에 따라 위아래 치아의 맞물림(교합)과 잇몸 위치가 계속 변합니다. 그러다 보니 성인에게 적용하는 일반 크라운 치료는 적절하지 않기 때문입니다.

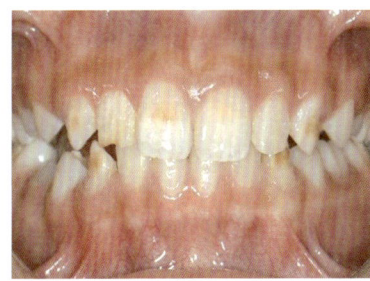 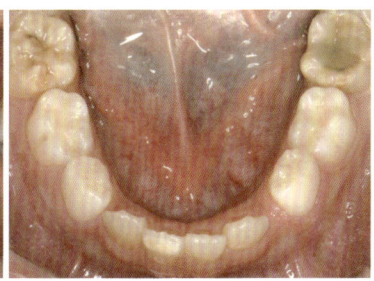

어금니-앞니 저광화 현상

3. 유치가 안 빠졌는데 영구치가 나와요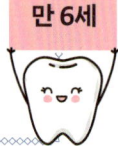

Q "유치가 빠지기 전에 아랫니가 나오면서 영구치가 뒤로 나오더니 윗니도 삐뚜러져서 나오고 있어요. 영구치가 이렇게 나는 것은 제가 이를 제때 안 뽑아줘서 그런 걸까요?"

A 결론부터 말씀드리면 절대 아닙니다. 치아가 삐뚤빼뚤 나는 것을 '총생crowding'이라 하는데 부정교합입니다. 치아 크기 전체의 합이 턱 크기의 합보다 클 때 나타납니다. 공간에 비해 치아들의 크기가 크니 가지런히 나지 못하고 어쩔 수 없이 앞뒤로 삐뚤빼뚤 나는 것이지요. 상대적인 개념이기 때문에 치아 크기가 정상이더라도 턱의 크기가 작거나 턱의 크기는 정상이더라도 치아의 크기가 크거나 하면 생길 수도 있습니다. 해결 방법은 성장기에는 부분적으로 가능한 턱의 크기를 늘리는 방법이나 발치 교정 또는 치아 갈아내기 같이 치아 크기를 줄이는 방법뿐입니다. 유치를 제때 안 뽑았다고 해서 해결할 수 있는 문제가 아니지요.

특히 요즘 아이들은 부드러운 음식을 섭취하기 때문에 턱은 작아지는 반면에 치아의 크기는 그대로여서 공간이 부족해 이가 삐뚤빼뚤하게 나는 때가 많습니다. 아이들이 외모에 관심이 많고 자녀 수도 적다 보니 어릴 때부터 교정에 대해 문의하는 부모님들이 많습니다.

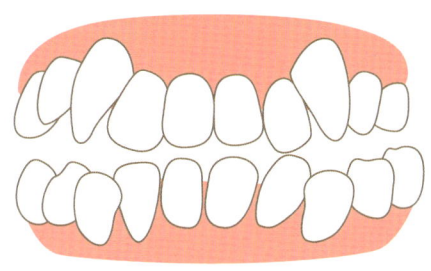

부정교합

    총생은 정도가 심하면 유치의 배열 시기부터 예측할 수 있습니다. 생후 30개월쯤에 20개의 유치가 나와서 완성되는 유치열기의 치아 사이에는 공간이 있게 됩니다. 이를 생리적 치간 공간physiologic interdental spaces이라고 합니다. 이는 영장류 공간primate space과 발육 공간developmental space으로 나뉩니다. 영장류 공간은 유치열 윗니의 앞니(상악 유전치)와 송곳니(상악 유견치) 사이, 아랫니의 송곳니(하악 유견치)와 첫 번째 어금니(하악 제1유구치) 사이를 말합니다. 공간의 이름에서 알 수 있듯이 원숭이와 같은 고등동물에서 발견되는 치아 사이의 공간입니다. 원숭이는 영구치열에도 존재하나 인간은 유치열에만 존재합니다. 발육 공간은 앞니 사이의 공간입니다. 영구치는 유치보다 훨씬 크기 때문에 발육 공간이 있어야 제대로 배열될 수 있습니다. 그러나 유치의 배열에 공간이 없고 가지런할 때는 오히려 영구치의 총생을 의심할 수 있습니다. 바로 이 공간들이 없기 때문입니다.

    아래 앞니(하악 전치) 같은 경우 유치는 그대로 있고 영구치가 뒤로 나오는 경우가 흔합니다. 영구치 싹의 위치가 유치에 비해 혀 쪽으로 있기 때문입니다. 대부분 많이 놀라지만 유치를 빼주면 뒤로 났던 영구치가 혀의 힘으로 대부분 정상 위치에 자리하게 됩니다. 실제로

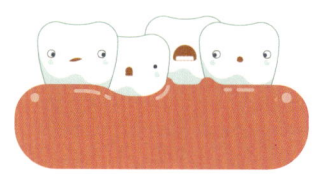

다음 아래 그림에서 보듯이 아랫니가 뒤로 나고 한참 있다가 유치를 뺐는데도 공간이 충분할 때는 아무런 처치를 하지 않아도 영구치가 제자리를 잡아갑니다.

하지만 대부분은 공간 부족으로 생기는 부정교합이기 때문에 나중에 교정할 때가 많습니다. 그러다 보니 부모님들이 아이의 이를 제때 뽑아주지 않아서 그렇게 됐다고 자책하곤 하는데요. 이는 부모님의 잘못이 아닙니다. 이를 뽑는 시기가 원인이 아니라 공간이 부족해서 생기는 현상일 뿐입니다.

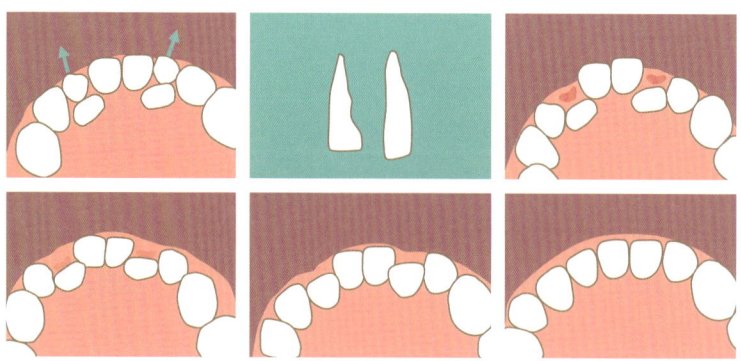

유치 발치 후 6개월 뒤 저절로 영구치가 제 위치에 배열되고 있다.

4. 영구치가 없는데 어떻게 해야 하나요

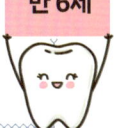
만 6세

Q "치과에서 전체 방사선 사진을 찍었는데요. 영구치 중 작은 어금니가 보이지 않는다면서 없을 가능성이 크다고 합니다. 유치도 아니고 영구치가 없으면 어떻게 해야 하나요?"

A 대개 만 5세 정도가 되면 뼛속 영구치의 싹이 거의 다 자리를 잡고 자라고 있습니다. 이 시기쯤 되면 전체적으로 치아와 턱의 상태를 볼 수 있는 파노라마 방사선 사진을 찍어 영구치의 발육과 상태를 검사하게 됩니다. 종종 영구치의 싹이 보이지 않을 때가 있습니다.

간혹 드물게 영구치가 뒤늦게 생기기도 하므로 2년 정도 있다가 다시 방사선 사진을 찍어 확인해봅니다. 그때도 없으면 치아가 없다고 진단합니다. 이렇게 치아가 원래 없는 것을 선천적 결손이라고 합니다. 유치가 빠진 지 6개월이 넘었는데도 영구치가 나오지 않는다면 결손 가능성이 있으므로 파노라마 방사선 사진을 찍어 확인할 필요가 있습니다.

의외로 치아 결손은 흔합니다. 주로 영구치에서 나타납니다. 유치에서는 드물긴 하지만 아래 작은 앞니(하악 유측절치)는 결손이 생길 수 있습니다. 유치가 결손되면 그 아래 계승 영구치도 대부분 결손이라고 볼 수 있습니다. 주로 영구치에서 결손되는 치아는 아래 작은 어금니(하악 소구치), 위 두 번째 앞니(상악 측절치), 위 작은 어금니(상악 소구치), 아래 두 번째 앞니(하악 측절치) 순서이며 양쪽 다 없을 수도 있고 한쪽만 없을 수도 있습니다.

결손은 유전적인 경향이 있습니다. 부모님이나 형제자매 중에 결손 치아가 있으면 치아 결손 확률이 더 높게 나타납니다. 일란성 쌍둥이 중 한 명의 치아가 선천적 결손이면 다른 한 명도 같은 형태로 치아가 결손될 가능성이 13배나 높다는 연구결과가 있습니다. 또한 치아의 결손은 다운증후군이나 구개열 등 여러 질환과 연관돼 있습니다. 조산이나 저체중 출산도 치아의 결손과 관련 있는 것으로 보고되고 있습니다.

만약 치아가 결손됐다면 일단 영구치열기가 완성될 때까지 기다린 다음에 교정 진단을 받는 것이 좋습니다. 만약 발치 교정 케이스처럼 교정이 필요할 때는 결손된 치아의 공간을 이용해서 치아를 배열할 수도 있습니다. 그런데 교정 진단에 따라 특별히 교정적인 문제가 없다면 결손된 영구치가 있는 원래의 유치를 잘 쓰게 관리를 해주세요. 그 유치가 탈락되면 성장 완료 후 임플란트를 포함한 보철 치료를 받기를 권합니다. 성인이 된 후에도 특별한 보철 치료 없이 그렇게 잘 관리한 유치를 쓰는 경우도 많습니다.

5. 영구치 어금니에서 뼛조각이 나왔어요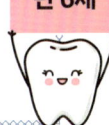

Q "영구치 어금니가 나오고 있었어요. 그런데 밥 먹다가 뭐가 딱딱한 것이 나왔다면서 뱉었더니 뼈 같은 것이 나왔어요. 괜찮을까요?"

A 영구치 어금니가 나올 때 어금니 위쪽에 있던 뼈가 완전히 다 녹지 못하고 일부 남은 뼛조각을 '맹출성 부골eruption sequestrum'이라고 합니다. 일반적으로 이 뼛조각은 영구치 어금니의 씹는 면 가운데에 놓여 주변 잇몸에 둘러싸여 있다가 치아가 점점 구강 내로 나오면서 같이 떠오르게 됩니다. 이 뼛조각은 위 경우처럼 저절로 떨어지기도 합니다. 치아 주변 잇몸에 파묻혔을 때는 제거해야 합니다. 간혹 깊게 박혀 있기도 한데 간단한 도포 마취로 제거할 수 있습니다.

'맹출성 혈종eruption hematoma'이라는 것도 있습니다. 치아가 잇몸을 뚫고 나올 때 잇몸이 부을 수 있으며 그 안에 혈액이 차오르면서 퍼렇게 보이게 됩니다. 이는 유치나 영구치가 맹출되기 몇 주 전에 생깁니다. 혈액으로 차 있는 이 낭종은 유치 어금니(제2유구치)나 영구치 첫 번째 어금니(제1대구치) 부위에 가장 흔히 나타납니다. 치아가 맹출할 때 국소적인 외상으로 치아를 싸고 있던 싹의 일부가 찢어져 그곳으로 혈액이 차올라서 생기는 것으로 추정하고 있습니다. 맹출성 혈종은 치아가 잇몸을 뚫고 나오면 자연히 없어지므로 특별한 처치는 필요하지 않습니다. 간혹 드물게 이가 나왔는데도 덮고 있던 연조직이 사라지지 않으면 병원에 가서 제거하면 됩니다.

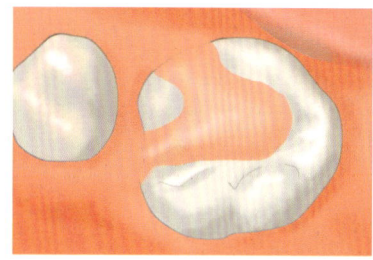
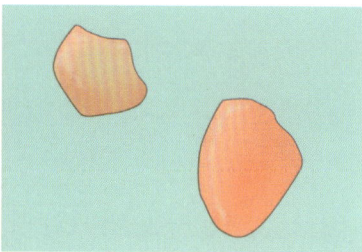

맹출성 부골

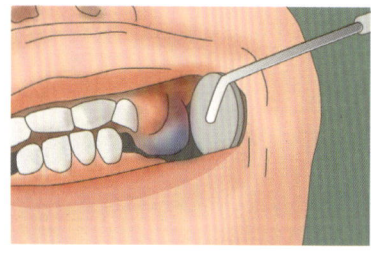
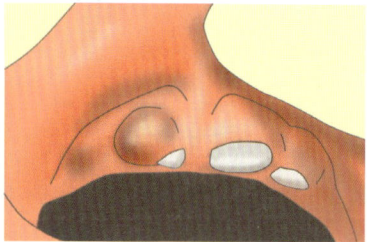

맹출성 혈종

6. 영구치가 안 나와요

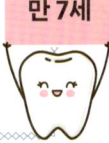
만 7세

Q "위 앞니가 빠진 지 한참 됐는데 아직도 영구치가 안 나오고 있어요. 살펴보니 잇몸이 약간 통통한 게 두꺼운 것 같기도 합니다. 어떻게 해야 할까요?"

A 치아가 나와야 하는 시기가 지나도 나오지 않는다면 치과에서 방사선 검사를 받아보는 것이 좋습니다. 유치나 영구치가 정상적으로 나오는 시기의 범위를 지나서도 나지 않을 때를 '맹출 지연delayed eruption'이라고 합니다. 맹출 지연이 의심되면 방사선 검사를 통해 원인을 규명해야 합니다.

간혹 치아가 두껍고 단단한 잇몸을 뚫지 못해 못 나오기도 합니다. 이럴 때는 레이저 등으로 잇몸을 열어주는 잇몸 절개술을 하기도 합니다. 하지만 양쪽이 다 통통하게 두꺼워져 있으면 치아가 나올 시기가 거의 다 돼서 그런 경우라 조금 더 기다리는 게 좋습니다.

유치의 맹출 지연은 드문 편으로 비타민 결핍증이나 내분비 장애와 같은 전신적 요인 등에 의해서 생길 수 있습니다. 국소적인 요인으로 생기는 것은 두 번째 어금니(제2유구치)에서 종종 관찰됩니다.

영구치의 맹출 지연은 비교적 흔합니다. 국소적 요인으로 한 개 혹은 몇 개의 치아가 맹출이 지연되거나 전신적 요인으로 모든 치아의 맹출이 지연되기도 해요. 영구치의 맹출이 지연되는 요인으로는 유치를 빨리 뽑는 게 있습니다. 충치 등으로 유치를 예상보다 2년 이상 빨리 뽑게 될 때 계승 영구치가 나오는 것이 어려워져 평균보다 늦어지는 경향을 보입니다. 반대로 유치가 빠지지 못해 남아 있는 만기 잔존일 때도 영구치의 맹출 지연이 되기도 합니다.

또 영구치가 뼈 안에서 다른 치아에 걸리는 바람에 맹출이 늦어질 수도 있습니다. 주로 위턱 영구치 어금니(상악 제1대구치)가 앞의 유치 어금니에 걸려서 못 나오는 경우가 많습니다. 외상을 입어 아래쪽 영구치의 뿌리가 휘고 맹출이 안 되는 때도 있고 유치의 심한 충치로 영구치에 형태적 문제가 생겨 맹출이 안 되는 때도 있습니다. 과잉치, 치아종, 낭종 등이 영구치를 막고 있을 때도 맹출이 늦어지기도 합니다. 이럴 때는 늦게 발견하면 영구치가 스스로 맹출할 힘을 잃어버리고 뼈 안에 갇히는 '매복치impacted tooth'가 될 수 있으므로 꼭 조기에 발견하는 것이 중요합니다.

그럼 언제 이상을 인식하고 치과에 가야 할까요? 좌우 대칭되는 치아 중 하나가 나온 지 6개월 이상 지났는데 반대쪽 치아가 안 나올 때입니다. 예를 들어 위 오른쪽 앞니는 나온 지 한참 됐는데 위 왼쪽 앞니가 나오지 않을 때입니다. 우리 몸의 치아는 모두 좌우 대칭이어서 좌우로 1개씩 쌍을 이루고 있습니다. 한 쌍의 치아는 약간의 시간 차이는 있지만 대부분 비슷한 시기에 나오게 됩니다. 따라서 맹출 지연이 일어나면 앞서 설명한 여러 원인이 있을 수 있습니다. 치과에 가서 검진받는 것이 좋습니다.

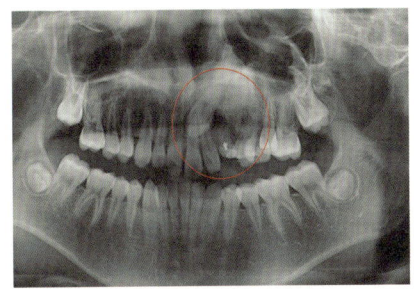

유치의 만기 잔존으로 영구치가 나오지 못하고 있다.

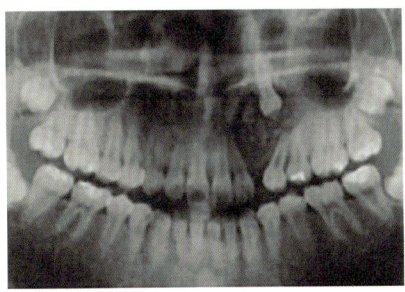

송곳니가 치아종에 가로막혀 있다.

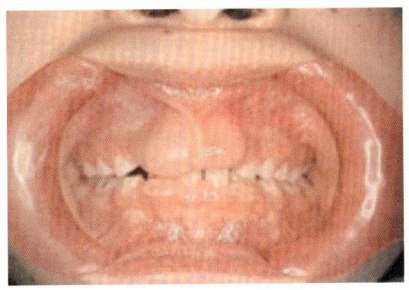

잇몸이 두껍고 단단해서 치아가 못 나오고 있다.

7. 영구치에 뾰족한 돌출이 있어요

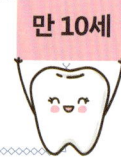
만 10세

Q "얼마 전에 유치 어금니가 빠지고 영구치가 올라왔는데 모양이 좀 이상한 것 같아요. 씹는 면 위에 뾰족한 돌출이 있는데 밥 먹다가 부러질까 봐 걱정입니다."

A 치아의 씹는 면에 법랑질의 일부가 원추형으로 돌출돼 결절이 된 치아를 일반적으로 '치외치dens evaginatus'라고 합니다. 여자에게 좀 더 자주 생기며 영구치 작은 어금니에서 양쪽에 대칭적으로 똑같이 생기는 양측성으로 나타나는 편입니다. 한국인, 중국인, 일본인 등 몽고 인종에만 나타나는 것으로 알려져 있었으나 최근에는 백인이나 흑인에게도 나타난다는 보고가 있습니다. 우리나라에서 발생 빈도는 4~10퍼센트 정도입니다.

돌출된 정도는 아이마다 다를 수 있습니다. 튀어나온 결절은 정상적인 치아의 구조와 같습니다. 그래서 씹는 힘으로 결절이 부러지게 되면 신경 조직인 치수가 노출돼 감염될 수 있습니다. 가끔 환자들이 충치 등의 뚜렷한 이유 없이 작은 어금니 부위에 통증을 호소할 때가 있습니다. 치외치의 파절에 의한 염증 때문일 가능성이 큽니다.

치외치의 파절을 방지하려면 치아가 나오자마자 튀어나온 결절 부위를 조금씩 갈아서 치수 위에 보호막이 형성되도록 도와주거나

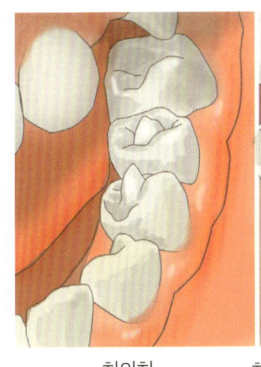  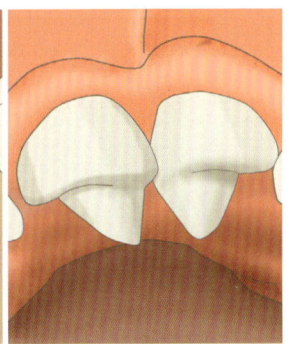

치외치   치외치 파절로 치아 뿌리에 발생한 염증   독수리 발톱 치아

튀어나온 결절이 조금 완만해지도록 그 주위를 메우는 실란트 등으로 보강하는 방법이 있습니다. 가장 좋은 것은 치아가 충분히 성숙해질 때까지 가급적 그쪽 부위로 단단한 음식을 꽉 깨물어 먹는 등의 행위를 조심하는 것입니다. 치아가 성숙해지면 튀어나온 결절과 치수 사이에 단단한 치아 층이 쌓여서 파절이 돼도 치수가 노출되지 않기 때문입니다.

이미 통증이나 염증의 증상을 보이거나 방사선 사진에서 병소가 보일 때는 신경치료를 해야 할 수 있습니다. 드물게 위 앞니 뒷면에도 돌출된 결절이 관찰되기도 합니다. 독수리의 발톱을 닮았다 해 '독수리 발톱 치아talon cusp'라 하는데 특별한 처치가 필요하지는 않습니다.

반대의 경우로 '치내치dens invaginatus'도 영구치에서 잘 관찰되는 치아의 형태 이상입니다. 치아가 만들어지는 과정에서 법랑질 일부가 일부 깊숙하게 들어가는 함입invagination이 돼 깊은 골이 형성된 형태입니다. 주로 윗니 앞니, 특히 두 번째 앞니(상악 측절치)에 잘 생깁니다.

치외치와 치내치 모두 원인은 명확하지 않으나 유전적 소인이 있는 것으로 알려져 있습니다. 치내치는 골이 좁고 깊으므로 양치가 잘 안 되면 치아우식증이 생기기 쉽습니다. 따라서 치아우식증을 예방하고 무른 섬유성 조직인 치수로 통하게 되면서 생기는 치수 감염을 방지하기 위해 예방적으로 골을 메우는 실란트를 하는 것이 좋습니다. 이미 치수가 골을 통해 감염돼 아프거나 붓는 증상을 보이거나 방사선 사진에서 염증 소견을 보일 때는 신경치료를 할 수도 있습니다. 치내치는 치아의 안쪽 면에 생겨서 발견하기 어려우니 정기 검진을 통해 확인해야 합니다.

[진료실 스케치]

제가 뭘 잘못했을까요?

"제가 뭘 잘못했을까요?"

제가 진료실에서 만난 부모님들은 가끔, 아니 자주 다양한 이유로 죄책감을 느낍니다. 아이가 이가 약하다든가, 상했다든가, 부정교합이 있다든가 할 때마다 물어보는 말입니다.

부모가 되면 그렇습니다. 아이가 체격이 작은 것도, 아이가 잘 안 먹는 것도, 아이가 아픈 것도, 아이 이가 썩은 것도 모두 다 자기 잘못 같습니다. 저도 그랬습니다. 제 아이는 돌 무렵부터 너무 자주 아팠습니다. 입원에 경련에 고열에 한 달에 한 번씩은 힘든 이벤트가 있었습니다. 게다가 아직도 나아지지 않는 심한 아토피까지. 그럴 때마다 저도 제가 모유 수유를 하지 않아서 아이가 그런 것인가 하는 묘한 죄책감에 시달렸습니다. 모유가 많이 나오지 않았고 또 출산 3개월 만에 복직해야 해서 거의 먹이지 못했습니다. 그래서 아이가 이렇게 자주 아픈가, 모유를 더 먹이지 못해서 그런가 하는 생각이 들었던 것이지요.

모두에게는 사정이 있습니다. 모든 부모는 각자의 방법으로 최선을 다합니다. 저는 모유를 오래 먹이진 못했지만 아이를 위하지 않는 엄마는 아닙니다. 아이의 치아가 썩었다면 그건 부모의 잘못이 아닙니다. 제 아이가 목이 약해 편도염을 달고 사는 것처럼 당신의 아이 치아가 '그냥' 약한 것입니다. 죄책감은 부모를 주눅 들게 합니다. 죄책감은 멀쩡한 아이를 불쌍하게 보이게 합니다.

제 작은 바람이 있다면 사회가 이미 열심히 살고 있는 부모님들에게 모성과 부성을 핑계로 더 많은 죄책감을 강요하지 않았으면 좋겠습니다.

부모님들은 이미 열심히 살고 있고 자녀들을 열심히 사랑하고 키우고 있으니까요. 자녀가 치아가 약하면 치과에 데리고 오면 됩니다. 제가 제 아이를 데리고 열심히 소아과에 갔던 것처럼요.

4장

치과 치료는 어떻게 하나요

　다양한 예방법을 통해 치아우식증을 방지하는 것이 가장 이상적입니다. 그런데 많은 아이가 그렇지 못하고 치아우식증으로 치과 치료를 받고 있습니다.

　아이들을 대상으로 하는 치과 치료는 여러 가지 복잡한 상황에 직면하게 됩니다. 일단 아이들은 치과를 무서워합니다. 또한 구강의 크기와 해부학적 구조물의 크기가 작고 타액 분비량은 많아서 치료 자체가 어렵습니다. 장시간 입을 벌릴 수 있는 인내력이 부족하고 갑자기 움직일 수 있어서 치과용 기구에 다치거나 삼킬 위험도 큽니다. 이러한 특성 때문에 치아우식증의 진행만 신경써서는 아이들의 치과 치료를 제대로 할 수가 없습니다. 아이의 협조도, 치아와 치열의 발육 정도, 이전의 우식 경험, 치과 경험, 우식 발생 위험도, 구강위생 관리 능력, 양육 환경 등 여러 가지를 종합적으로 고려해야 합니다.

1. 어금니 사이에 구멍이 생겼어요

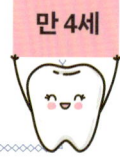
만 4세

Q "어느 날 양치질을 하다 보니 치아가 깨진 것처럼 어금니 사이에 구멍이 생겼어요. 아이는 밥 먹을 때 좀 아프다고 하는 것 말고는 크게 불편해하지는 않아요. 치료를 받아야 할까요?"

A 치아와 치아 사이에 생기는 치아우식증(충치)을 '인접면 우식증proximal caries'이라고 합니다. 씹는 면에 생긴 충치는 초기에 발견하기 쉽습니다. 하지만 치아와 치아 사이에 충치가 생긴 경우는 가려져 있다 보니 초기에 발견하기가 어렵습니다. 처음에는 잘 보이지 않다가 많이 진행돼 치아가 깨진 것처럼 나타납니다. 치아 사이면의 치아는 얇아서 치아의 신경까지 진행이 될 때가 많습니다.

이런 상태에서 치과에 가면 신경치료나 크라운을 씌우는 등의 치료가 필요할 수 있습니다. 치아 사이가 틈 없이 촘촘하게 배열된 치아를 가진 아이, 평소 단 것을 자주 섭취하거나 밥을 물고 있는 습관이 있는 아이, 충치가 잘 생기는 아이는 인접면 우식증의 발생 가능성이 큽니다.

인접면 우식증을 예방하기 위해서는 치실로 음식물을 제거해주는 것이 가장 좋습니다. 아이들 치아는 어른과 달리 치아와 치아의 접촉 부분이 면으로 넓게 이루어져 있습니다. 칫솔질만으로는 사이에

낀 음식물이나 치태가 나오지 않아요. 반드시 하루에 한 번 이상은 양치질을 한 뒤 치실로 치아 사이에 낀 음식물을 제거해주어야 합니다. 치간 칫솔은 아무리 작아도 아이들의 약한 잇몸에 상처를 낼 수 있어 사용을 권유하지 않습니다. 워터픽도 도움이 되기는 하지만 치아 사이 치태를 제거하기에는 한계가 있어서 보조적으로 사용하는 것이 좋습니다.

앞의 사례처럼 충치가 많이 진행되면 치과에서 치료를 받아야 합니다. 일반적으로 충치 치료는 물러지거나 상한 치아의 조직을 제거한 뒤 그 부분을 단단한 재료로 채워두는 것, 즉 수복restoration을 말합니다. 이때 수복 재료는 충치의 진행 정도와 크기, 환자의 과거 충치 경험도, 구강위생 관리 능력을 평가해 결정합니다. 제거해야 하는 충치의 범위가 넓지 않고 구강위생 관리가 가능한 상황이면 때우는 치료가 가능합니다. 충치가 있는 부분만 국소적으로 제거하고 컴포지트 레진composite resin이나 글라스 아이오노머glass ionomer를 채워 넣어서 다시 충치가 생기지 않도록 밀봉하는 것입니다. 최근에는 때우는 재료로 대부분 레진을 사용합니다. 그 이유는 실제 치아와 구분이 가지 않을 정도로 심미성이 우수하고 치아에 화학적으로 결합하는 재료의 특성상 치아를 최소한으로 삭제할 수 있기 때문입니다. 인접면 우식증도 충치의 크기가 크지 않으면 레진으로 수복할 수 있습니다. 레진 치료의 단점은 비용이 비싸다는 것입니다. 최근에 영구치 레진 치료까지 보험이 확대됐습니다.

글라스 아이오노머는 조작이 어렵고 완전하게 굳기까지 시간이 걸리며 강도가 충분하지 않다는 단점이 있습니다. 그래서 탈락이 얼마

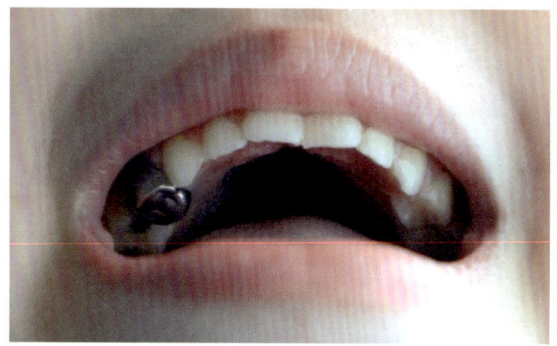

남지 않은 유치나 맹출 중인 영구치를 치료하는 임시 재료로 사용됩니다. 최근에는 이런 단점을 보완한 여러 재료가 나와 있습니다.

충치가 여러 면에 생긴 치아나 신경치료를 한 치아는 충치를 다 제거하고 나면 얼마 남지 않습니다. 그래서 때운 재료가 유지되기 어렵습니다. 이런 경우는 치아를 덮어씌워서 보호해주는 크라운 치료를 하게 됩니다.

2. 크라운을 씌워도 영구치가 나올까요

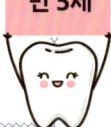
만 5세

Q "유치가 많이 썩어서 크라운을 했는데요. 나중에 영구치가 나올 때 크라운을 씌운 치아는 어떻게 되나요? 또 크라운 치료 후 주의할 사항이 있나요?"

A 치아는 여러 겹으로 쌓인 단단한 조직이에요. 치아는 점점 단단해지는 '석회화' 과정을 통해 성숙해지는 과정을 거칩니다. 하지만 한 번 구강으로 나오면 더 커지거나 넓어지는 등의 성장은 일어나지 않습니다. 그러므로 씌웠다고 해서 자라는 것이 방해받지는 않습니다.

크라운을 한 치아는 관리만 잘해주면 속에서 새로 썩지는 않습니다. 잘 썩는 치아는 일단 씌워두면 충치에 대한 걱정에서 해방되는 것이지요. 하지만 치료 전에 충치 상태가 심했거나 신경치료 후 뿌리 상태가 나빴다면 시간이 지나면서 뿌리 쪽에 염증이 생길 수도 있습니다. 이 염증은 치아를 씌웠기 때문에 생긴 문제가 아니라 씌우기 이전의 뿌리 쪽 상태가 원인이 돼 생기는 것입니다. 그래서 크라운을 하고 나서도 정기적으로 점검을 받아야 합니다.

또한 크라운을 한 치아는 치아의 머리(치관)만 감싸고 있습니다. 영구치가 올라와서 빠질 시기가 되면 치아와 같이 빠지므로 걱정을 안

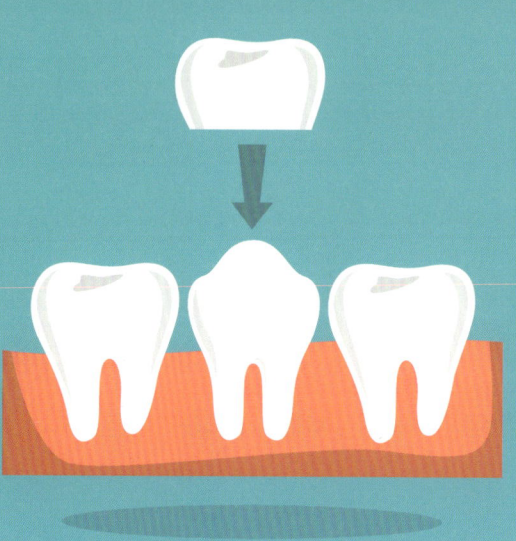

해도 됩니다. 오히려 크라운을 씌우지 않으면 문제가 생겨서 영구치가 못 나오기도 합니다.

아이들에게 사용하는 크라운은 어른들이 사용하는 크라운과 다릅니다. 그 이유는 일단 아이들은 여러 번 치과에 와서 본뜨고 맞추고 하는 과정을 못 하기 때문입니다. 기성으로 제작된 크라운을 크기를 맞추어 장착해서 하루에 끝내는 기성 크라운으로 치료를 하게 됩니다. 그리고 유치는 몇 년 내 영구치로 교환하므로 금 같은 고가의 재료로 만들지는 않고 일반적으로 스테인리스 스틸stainless steel로 만든 크라운을 사용하고 있습니다. 스테인리스 스틸 크라운은 대개 '은니'라고 불리는데 색깔 때문에 그렇습니다. 최근에는 치아 색과 비슷하게 도자기 재질로 만든 지르코니아 크라운zirconia crown도 많이 사용합니다.

유치에 크라운을 씌우고 나면 하루 정도는 너무 딱딱하거나 끈적이는 음식은 피하세요. 크라운은 치과용 접착제로 붙여두는데 붙인 지 얼마 안 돼서 끈적이거나 딱딱한 음식을 먹게 되면 빠지거나 변형될 수 있기 때문입니다. 혹시 크라운이 빠지면 이른 시일 내에 빠진 크라운을 갖고 치과를 찾아가 다시 부착해야 합니다. 크라운이 빠진 채로 오래 있게 되면 안 됩니다. 크라운이 들어갈 공간이 없어져서 다시 넣기 위해 치아를 삭제해야 할 수도 있습니다.

유치는 기본적으로 높이가 낮으므로 단단히 잘 붙어 있게 하려고 크라운을 유치의 잇몸 쪽으로 1밀리미터 정도 들어가게 해서 끼웁니다. 그래서 치료하고 3~4일 정도는 잇몸이 아프고 양치질을 할 때 피가 날 수 있습니다. 특히 양치질을 할 때 아이들이 많이 불편해하고 피가 나서 부모님들이 크라운을 씌운 부위에 칫솔질을 안 해주기도 합니다. 그러면 잇몸 염증이 생겨서 더 오래 고생할 수 있습니다. 크라운을 씌운 뒤 얼마간은 불편한 게 당연합니다. 그리고 양치질을 할 때 피가 나는 것은 2주 정도까지 지속되는 것이 정상입니다. 놀라지 말고 깨끗하게 양치질을 해주면 괜찮아질 겁니다.

3. 아이인데 신경치료를 해도 될까요

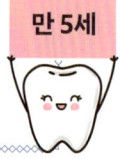

Q "충치가 심해서 신경치료를 해야 한다고 합니다. 신경치료는 신경을 죽이는 것으로 알고 있는데요. 자라는 아이의 신경을 죽여도 괜찮을까요? 신경치료를 안 할 수는 없을까요?"

A 일단 신경치료라는 표현에 관해서 설명해야 할 것 같습니다. 치아는 여러 겹의 조직으로 돼 있습니다. 제일 안쪽에 감각을 느끼는 세포들이 모여 있는 조직을 '치수'라고 합니다. 이 치수 위에 상아질, 법랑질 같은 단단한 조직이 덮여서 치아를 이루는 것이지요.

일반적으로 말하는 신경치료라는 것은 충치 유발 세균에 의해 오염된 치수 조직을 제거하고 깨끗한 약제를 집어넣는 과정을 말합니다. 정확하게 말하면 '신경치료'가 아니고 '치수치료'라고 하는 것이 맞습니다. 여기서 말하는 신경은 치아의 조직 중 하나이기 때문에 아이 신체 다른 부분의 신경과 전혀 상관없으니 걱정하지 마세요. 신경치료를 한 치아는 힘이 가해지면 깨지기 쉬우므로 반드시 크라운을 씌워 보호해야 합니다.

아주 어린 나이에 신경치료를 받은 유치는 수명이 원래보다 짧아질 수 있습니다. 예를 들어 유치 어금니는 원래 초등학교 5, 6학년까지 써야 하는데 충치가 심해 신경치료를 한 치아는 그보다 더 빨리 탈락되는 경우가 있습니다. 따라서 치료 이후에도 치과에서 정기적인 검진을 받는 것이 좋습니다. 유치가 너무 빨리 탈락되면 그 빠진 자리로 주변 치아들이 이동해서 해당 영구치가 나올 자리가 없어질 수 있어서 공간 유지장치 등을 끼워야 할 수도 있기 때문입니다.

신경치료를 안 할 수 있다면 안 하는 것이 좋습니다. 하지만 아이가 많이 아파했거나 치아 뿌리 쪽에 염증의 발생 또는 작아 보일지라도 충치가 치수까지 침범했다면 해야 합니다. 신경치료를 안 하기 위해서 충치를 남겨두게 되면 나중에 다시 염증이 생기거나 많이 아플 수 있습니다. 또한 유치 아래쪽에 생긴 염증을 치료하지 않고 놔두면 유치 아래에 자라는 영구치의 싹에 영향을 미쳐 결국 영구치에 문제가 생길 수 있습니다.

똑같이 신경치료를 받는다 해도 어떤 아이는 한 번에 치료가 끝나기도 하고 또 어떤 아이는 여러 번에 걸쳐 치료를 받습니다. 유치와 미성숙 영구치의 신경치료 방법이 다르기 때문입니다. 유치는 대부분 한 번에 신경치료를 마무리합니다. 다만, 너무 염증이 심해서 소독이 여러 번 필요한 경우에는 드물지만 여러 번에 나누어 치료하기도 합니다. 미성숙 영구치는 뿌리 형성이 덜 되고 나온 지 얼마 되지 않은 치아입니다. 뿌리가 완전히 닫히지 않고 뿌리 끝부분이 열려 있어서 일반적인 신경치료 방법으로 치료를 할 수가 없습니다. 오염된 치수 조직을 제거하고 약제를 넣고 뿌리가 닫힐 때까지 기다려야 합니다. 따라서 여러 번 치과를 찾아야 하고 신경치료가 마무리될 때까지 시간이 오래 걸릴 수도 있습니다.

4. 웃음가스 치료가 안전할까요

만 5세

Q "아이가 충치가 생겨서 치과에 갔는데 웃음가스를 주면서 치료를 하자고 하더라고요. 아이의 긴장을 줄여주는 방법이라고 하는데 가스라고 하니 걱정이 됩니다. 안전한가요?"

A 웃음가스는 치과 진료 중 아이들의 불안감을 줄이기 위해 가장 흔하게 사용하는 것입니다. 웃음가스는 아산화질소와 산소의 혼합물로 이것을 들이마시면 아이들이 잘 웃는다고 해서 웃음가스라고 부릅니다. 아산화질소는 약간 달콤한 향이 나는 기체로 흡입하면 폐에서 신속하게 흡수돼 뇌에 도달합니다. 우리 몸에서 분해되거나 대사돼 남지 않고 폐를 통해 빠르게 빠져나가는 특징이 있습니다.

흡입을 멈춘 후에는 특별한 회복 없이 바로 일상생활이 가능합니다. 대뇌 피질에 도달해 다시 원래의 상태로 돌아오는 가역적인 인지 기능의 변화를 불러일으킨다고 알려져 있습니다. 따라서 치과 치료에 대한 공포나 스트레스를 받는 어린이에게 사용하면 좋습니다. 전신질환이 있는 어린이가 스트레스 없이 안정적으로 치료받을 수 있도록 해줍니다. 특히 입 안에 뭐가 들어가면 헛구역질을 하는 구역반사 gagging reflex 가 심한 아이에게 매우 효과적으로 사용할 수 있습니

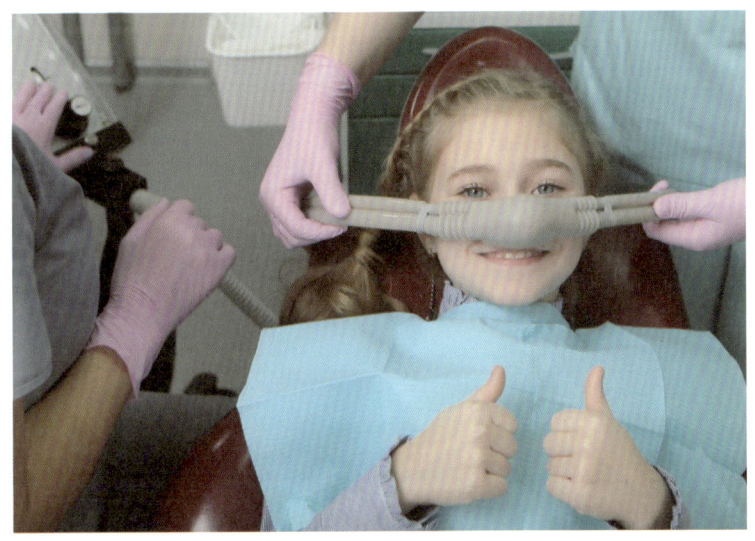

다. 아산화질소가 구역반사를 줄여주는 데 효과가 있기 때문입니다. 아산화질소를 이용한 흡입 진정법인 웃음가스는 현재 존재하는 진정법 중 가장 안전한 방법으로 알려져 있습니다.

웃음가스는 안전한 대신 매우 약한 진정 방법이므로 아이들의 협조가 필수적입니다. 아이들이 코에 덮어두는 흡입 마스크를 잘 쓰고 있어야 사용을 할 수 있습니다. 겁이 많은 아이나 무조건 울려고 하면서 거부하는 아이는 사용할 수가 없습니다. 또 코감기나 비염이 있어서 코로 호흡을 못 하는 아이도 효과가 떨어집니다.

시술 방법은 흡입 마스크를 통해 저농도의 아산화질소를 흡입하고 이후 농도를 점차 높여서 원하는 수준의 진정을 유도합니다. 대개 아산화질소 30~40퍼센트 정도, 산소 60~70퍼센트 정도의 비율로 사용하게 됩니다. 아이는 저마다 반응이 조금씩 다르기는 하지만 나른하거나 편안하게 느낍니다. 아이에 따라 발가락이나 손가락이 간질간질하다나 웃음이 난다 등의 표현을 하기도 합니다. 진정이 되면 치과 치료를 시작해서 치료가 끝나면 100퍼센트의 산소를 5분 정도 투여해 아산화질소가 배출되도록 합니다.

아이가 식사를 양껏 한 직후에 웃음가스를 사용하면 구토를 일으킬 수 있습니다. 치료 전에는 식사를 가볍게 하거나 식후 2시간 이후에 치료를 받도록 하는 것을 권장합니다.

5. 수면치료를 받아도 될까요

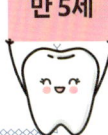
만 5세

Q "아이에게 충치가 많이 생겼습니다. 그런데 아이가 겁이 너무 많아서 치과에서 수면치료를 해야 한다고 합니다. 수면치료가 위험하지는 않을까요?"

A 수면치료의 정확한 명칭은 '진정치료sedation'입니다. 치료 협조를 기대할 수 없는 아이들을 대상으로 수면 유도 약물을 투여해서 얕은 잠이 들면 치료하는 방법을 말합니다. 치과에 대한 두려움이 너무 커서 행동 조절이 전혀 되지 않는 경우, 나이가 어려서 협조를 기대할 수 없는 경우, 장애가 있는 경우 등에 사용할 수 있습니다.

일반적으로 수면치료라고 하지만 잠들지 않는 아이도 있습니다. 전신마취와는 달리 잠들더라도 소리와 감각을 느끼고 불편하면 깰 수도 있고 움직일 수도 있을 만큼 얕게 재워서 치료하는 것입니다. 이처럼 아이가 자신을 지키려는 몸의 보호 기능이 온전히 살아 있는 상태라서 숙련된 전문의가 호흡이나 심박동 등 신체의 반응을 모니터링을 하면서 시술합니다.

진정치료의 가장 큰 장점은 여러 번 힘들게 치료를 받아야 하는 것을 한꺼번에 할 수 있다는 것입니다. 아이도 치료할 때 힘들었다는

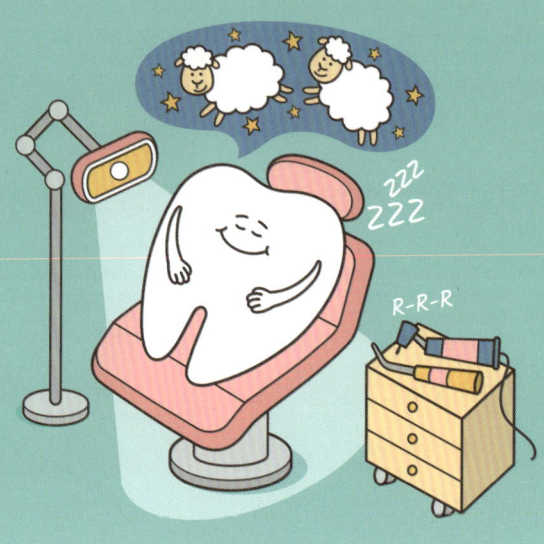

기억이 없으니까 향후 치과 치료에 대한 긍정적인 태도를 유도할 수도 있습니다. 또한 전신마취가 아니기 때문에 치료 후에는 회복실에서 오랫동안 회복되기를 기다릴 필요 없이 집으로 금방 갈 수 있습니다.

진정치료에 사용하는 포크랄pocral은 오랫동안 치과 말고도 소아과 영역에서 사용해온 안전하고 약한 약물입니다. 간혹 용량이 너무 많거나 여러 약제를 섞어 쓰면 문제가 되기도 합니다. 하지만 진정치료에 대한 전문적인 교육과 훈련 경험이 많은 전문의가 시술하면 안전하게 시행됩니다.

진정치료를 하기 전 최소 6시간 정도 공복을 유지해야 합니다. 그렇지 않으면 시술할 때 구토 반응이 나타날 수 있습니다. 또한 위에 음식이 남아 있으면 약효 발현도 늦어질 수 있습니다. 포크랄은 효과가 나타나기까지 시간이 오래 걸리고 작용 시간도 상당히 오래 지속됩니다. 약효가 발현되는 데 1시간 정도 걸리므로 약을 먹고 기다려야 합니다. 치료가 끝난 뒤에도 수 시간 동안 약효가 남아 있기도 합니다. 그 때문에 아이가 해롱대거나 어지러워할 수 있습니다. 따라서 귀가 후에도 반드시 보호자가 옆에서 아이를 계속해서 지켜봐야 합니다.

보통 특별한 전신질환이 없고 건강한 대부분의 아이는 진정치료가 가능합니다. 하지만 간혹 편도가 너무 큰 아이는 진정치료를 하는 것이 어려울 수 있습니다. 진정치료로 사용하는 약물 대부분이 호흡을 약간 억제하는 특징이 있습니다. 그러다 보니 편도가 너무 커서 평소 코골이나 수면무호흡증이 있으면 곤란합니다. 자지 않거나 치료 중 울다가 깰 수도 있고 심한 잠투정이나 치료 중 구토할 수도 있습니다. 이런 경우에는 진정치료를 지속하기가 어려울 수 있습니다.

진정치료 약제는 체중에 비례해서 쓰며 최대 사용량이 정해져 있습니다. 아이가 체중이 많이 나가면 진정치료를 하지 못할 수도 있습니다. 과체중인 아이는 호흡할 수 있는 기도가 다른 아이들보다 다소 좁아져 있는 때가 많으므로 특별한 주의가 필요합니다.

일반적으로 진정치료는 만 2~5세의 몸무게 20킬로그램 미만의 아이들에게 가장 효과적입니다. 그보다 나이나 체중이 많이 나가면 효과가 떨어질 수 있습니다.

6. 실란트는 무엇이고 왜 하나요

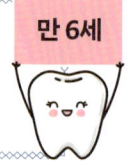
만 6세

Q "얼마 전에 영구치 어금니가 났습니다. 치과에 검진하러 갔더니 치아가 다 올라오면 실란트를 해주는 것이 좋다고 하더라고요. 유치에도 할 수 있는 것인가요?"

A 실란트$_{sealant}$의 정식 명칭은 치면열구 전색법입니다. 치아의 씹는 면에는 열구$_{fissure}$라고 하는 골짜기가 있는데요. 이 골짜기가 깊고 좁을수록 음식물이 잘 끼게 되고 닦기가 힘들어져 충치가 생길 위험이 커집니다. 그래서 이 골짜기를 깨끗하게 닦아내고 그 부위에 전색제, 즉 실란트를 흘려 넣어서 치아를 편평하게 만들어 음식물이 끼는 것도 막아주고 양치질도 좀 더 편하게 할 수 있도록 도와주는 것입니다. 주로 새로 나온 영구치 어금니에 합니다. 어금니는 골짜기가 깊은 편이며 충치가 잘 생기기 때문입니다.

작은 어금니나 앞니도 열구가 깊으면 실란트를 하기도 합니다. 실란트의 충치 예방 효과는 영구치에서 60~90퍼센트로 알려져 있습니다. 유치도 할 수 있지만 영구치에 비해 골짜기가 깊은 편은 아니라 꼭 실란트가 필요하지 않습니다. 하지만 유치 중에는 실란트를 해주는 것이 도움이 되는 형태도 있습니다.

현재 영구치는 나이에 상관없이 실란트 처치에 보험 적용이 되고

있습니다. 치아가 올라와서 실란트가 가능한 시기가 되면 해주는 게 좋습니다. 2013년 4월부터 만 18세까지 제1, 2대구치에 대한 실란트 처치가 건강보험 적용이 됐습니다. 2020년 2월부터는 만 5세 이상에서 만 12세 이하 광중합형 복합레진 충전 치료에 대해서도 보험 적용을 시작했습니다. 충치가 생긴 모든 영구치에 대해서 보험 적용을 받을 수 있으니 잘 활용하세요.

   진료실에 있다 보면 실란트를 할 수 있는 시기에 대해 많이 문의합니다. 해야 한다는 것은 알지만 언제 해야 할지를 잘 모르기 때문입니다. 실란트 역시 레진이라는 재료와 구성 성분이 비슷하므로 침에 닿지 않게 발라주는 것이 가장 좋습니다. 그러려면 치아를 격리한 뒤에 치료해주는 것이 좋은데요. 치아의 씹는 면이 완전히 잇몸 밖으로 나와야 격리 장치를 끼울 수가 있습니다. 그런데 어금니가 나오기 시작해서 완전히 나오기까지는 대략 1년 정도 시간이 걸리므로 그 사이에 썩지 않도록 잘 닦아주세요..

실란트 역시 불소와 마찬가지로 충치가 생기지 않도록 좋은 환경을 조성해주는 것입니다. 실란트를 했다고 100퍼센트 충치가 생기지 않는 것은 아닙니다. 또한 시간이 지나면 붙여둔 실란트가 떨어지거나 실란트 주변으로도 충치가 생길 수 있으니 정기적인 검진을 받는 것도 중요합니다.

7. 마취 치료 후 입술을 깨물었어요

Q "오늘 마취하고 충치치료를 받았는데 집에 오다가 입술을 깨물었나 봅니다. 입술이 엄청나게 붓고 아프다는데 어떻게 해야 할까요? 다시 치과에 가야 할까요?"

A 치과 치료를 위해 국소마취를 하게 되면 입술과 혀의 감각이 없어집니다. 대개 국소마취의 효과가 2시간 이상 지속되기 때문에 치과 치료가 끝난 뒤에도 1~2시간은 감각이 없습니다. 그래서 마취가 완전히 풀리기 전까지는 그쪽으로 씹지 않도록 주의해야 합니다. 그런데 종종 이렇게 입술이나 혀를 씹는 경우가 있습니다. 최근에는 치과 치료 후 입술이나 혀를 씹지 않도록 시술 후에 물고 있을 수 있는 장치가 개발되기도 했습니다.

1~2주일 정도 지나면 괜찮아지지만, 그동안 아이가 아파할 수 있습니다. 약국에서 헥사메딘을 사다 그 부위를 소독하거나 입 안용 연고를 바르면 통증 완화에 도움이 됩니다. 자극적인 음식이나 뜨겁거나 차가운 음식은 피하는 것이 좋습니다. 그 부위를 자꾸 손으로 만지거나 깨무는 등 2차 외상을 가하게 되면 또다시 염증이 생길 수 있고 낫는 기간이 오래 걸릴 수 있습니다. 아이가 건드리지 못하도록 주의를 줘야 합니다.

    아이의 치과 치료에서 통증 조절은 필수이므로 마취는 떼려야 뗄 수 없는 관계에 있습니다. 만약 아이가 치료 과정에서 통증을 경험한다면 주변에서 흔히 볼 수 있듯이 치과 갈 때마다 힘겨운 실랑이를 벌여야 합니다. 그래서 적절한 마취를 통해 불편감과 통증을 최대한 느끼지 않게 해주는 것이 중요합니다. 하지만 국소마취는 여러 치과 시술 중 아이에게 가장 부정적인 반응을 일으키는 방식이기도 합니다. 아이들은 주사라는 표현만 들어도 거부감을 느낍니다. 그래서 치과 치료를 할 때 유일하게 아이에게 직접 보이지 않고 명확한 명칭으로 설명해주지 않는 것이 마취 주사인데요. 저는 이런 표현을 사용합니다.

    "선생님이 충치 벌레가 어디 있는지 꾹꾹 눌러보고 약을 뿌려서 재울 거야. 그런데 이때 ○○이가 소리 지르거나 움직이면 벌레가 깨서 확 깨물 수 있어요."

    부모님들도 집에서 "말 안 들으면 치과 가서 왕주사 맞는다."란 표현은 치과에 대해 부정적인 인식만 커지게 할 수 있으니 자제해주세요. 치과에서 마취의 종류는 시술 부위와 치료에 따라 다양하게 사용할 수 있습니다. 아주 어린아이들도 대부분 국소마취를 사용할 수 있습니다. 간단히 유치를 뺄 때는 구강점막에 바르는 도포 마취를 합니다. 딸기향이 나는 도포 마취제를 쓰는데 맛이 너무 없습니다. 아이들이 맛을 보면 매우 싫어합니다. 충치가 깊다거나 신경치료를 하거나 수술을 할 때는 주사를 이용해 점막에 마취 약물을 넣는 국소마취를 하게 됩니다. 국소마취를 하기 전에 주사침을 찌를 때 아프게 하지 않기 위해 도포 마취를 먼저 하기도 합니다.

국소마취를 통해 치료할 수 없는 아주 깊은 부위에 과잉치가 있다거나, 아이가 협조를 잘 하지 않는 문제가 있거나, 전신질환이 있는 경우는 전신마취를 이용해 치료하기도 합니다.

[진료실 스케치]

엄마의 사정, 아이의 사정

"누군가를 사랑한다는 것은 단순히 강력한 감정만이 아니라 결의이자 판단이고 약속이다."
- 에리히 프롬

진료실에 아이와 엄마가 들어옵니다. 아이는 주뼛거리며 못내 불안해하는 표정입니다. 그리고 의자에 눕기 전 엄마에게 확인합니다.
"엄마, 오늘 보기만 하는 거지?"
엄마는 그렇다고 대답합니다. 아이는 못 믿겠다는 표정으로 나를 올려다봅니다. 저는 그렇다고 확신시켜줄 수는 없습니다. 다만 최대한 온화한 표정을 지을 뿐입니다. 역시나 슬픈 예감은 틀리지 않습니다. 충치가 생겼습니다. '보기만' 할 수 없게 됐습니다. 엄마에게 설명하면서 엄마와 아이의 눈치를 동시에 살핍니다.

엄마에게 '원하신다면' 오늘 치료를 해드리겠다고 말을 합니다. 여기에는 '아이의 동의를 구하신다면'이라는 말이 함축돼 있습니다. 이제부터 팽팽한 긴장이 시작됩니다. 엄마는 오늘 하고 가자고 하고 아이는 '보기만' 하기로 하지 않았냐고 합니다.

엄마에게도 사정은 있습니다. 휴가를 냈든, 엄마와 아이의 스케줄을 맞추어 왔든 예약 시간에 맞춰 오는 것이 너무 힘들었을 것입니다. 아이는 치과에 오기 전부터 두려움에 엄마의 진을 다 뺐을 것입니다. 아이는 치료를 할지도 모른다는 말에 드러누웠을 것입니다. 그래서 일단 '보기만' 하자고 달래서 데리고 왔을 것입니다. 오늘 치료를 하지 않으면 다시 이 과정을 반복해야 합니다. 당일 치료를 해준다는 저 의사의 말이 바뀌기 전에 얼른 아이의 협조를 얻어내야만 합니다. 엄마의 마음은 바쁩니다.

아이에게도 사정은 있습니다. 안 그래도 불길한 생각에 엄마에게 여러 번 물었습니다. 엄마는 분명히 '보기만' 한다고 했습니다. '보기만' 한다기에 오기 싫은데 마지못해 왔습니다. 그런데 역시나 '보기만' 하지 않습니다. 자기 빼고 다 거짓말쟁이들입니다. 당하는 것은 자기인데 결정은 거짓말쟁이들이 다 합니다.

아이의 마음은 억울합니다. 아이와 엄마는 협상의 시간이 필요합니다. 저는 대화를 하고 다시 들어오라고 말합니다. 그러면 대부분의 아이는 엄마의 사정을 봐줍니다. 억울하고 무섭지만 자기가 사랑하는 엄마니까 꾹 참아봅니다. 그래도 참기 힘들면 울음이 터지기도 합니다. 엄마의 사정도 아이의 사정도 다 아는 저는 어김없이 오늘도 하이톤을 장착하고 세상 최고의 거짓말쟁이가 됩니다.

"선생님이 하나도 안 아프게 충치 벌레 잡아줄게!"

5장

구강 관리는
어떻게 하나요

어린이가 집에서 할 수 있는 가장 기본적인 충치 예방법은 치아를 잘 닦는 것입니다. 왜 치아를 잘 닦아야 할까요? 그건 치태를 제거하기 위해서입니다. 치태는 세균이 당과 결합에 치아 표면에 형성하는 무색의 끈끈한 막입니다. 치태는 음식을 먹고 나서 1~2분 뒤에 곧바로 형성됩니다. 이런 치태를 없애려면 최소한 하루에 두 번은 양치질을 해야 합니다. 양치질 시기는 아침에 일어난 직후보다는 식사 후와 취침 전이 가장 효과적입니다. 특히 자기 전에 깨끗하게 양치질을 하고 난 후 물 이외에 아무것도 섭취하지 않는 습관이 중요합니다. 밤새 치아를 보호하기 위해서입니다.

어린이에게는 잇몸질환이 심하게 나타나지 않습니다. 대개 구강위생 관리를 잘하면 해결되는 경미한 치은염gingivitis이 나타납니다. 하지만 아이들은 바이러스와 박테리아의 감염에 취약한 편이므로 구강 내에도 감염에 의한 증상으로 잇몸질환이 나타날 수 있습니다. 청소년기에는 호르몬의 변화 등으로 잇몸이 예민해지면서 치은염이 잘 생길 수 있습니다.

1. 양치질은 언제부터 하나요

6개월

Q "아직 치아가 보이지는 않는데 양치질을 해주어야 할까요? 어떤 육아서에서는 아이의 침에 정화 작용이 있어서 안 해도 된다고 하는데 혼란스러워요."

A 치아가 나기 전에는 목욕할 때 물에 적신 거즈로 혀, 잇몸, 볼 등을 닦아주는 것이 적절합니다. 치아가 나기 전에는 그 정도로 해주어도 됩니다. 하지만 치아가 나기 시작하면 나이에 맞는 칫솔을 이용해 닦아주는 것이 좋습니다.

물론 침(타액)에는 항체가 들어 있어서 물리적인 정화와 윤활 작용을 합니다. 그러나 어른들도 양치질할 때 혀, 잇몸, 입천장, 뺨 안쪽을 닦아야 하듯이 아기들도 치아는 없지만 젖은 거즈로 닦아주세요. 입 안에 상주하는 세균의 수를 줄이기 위함입니다. 세균이 7억 마리에서 3억 마리로 준다면 그만큼 입 안은 깨끗해지니까요. 나중에 치아가 나온 다음 충치가 생길 확률을 줄이는 데도 도움이 됩니다.

아이들에게 구강청정제를 사용해도 되는지 문의하는 분이 많습니다. 인체에 해롭지 않다고 해서 샀는데 충분히 닦아내도 남아 있는 것 같아서 찝찝해서 묻는 것입니다. 구강청정제는 아이들에게 꼭 필요하지 않습니다. 양치질의 보조제라고 생각하면 됩니다. 구강청정제

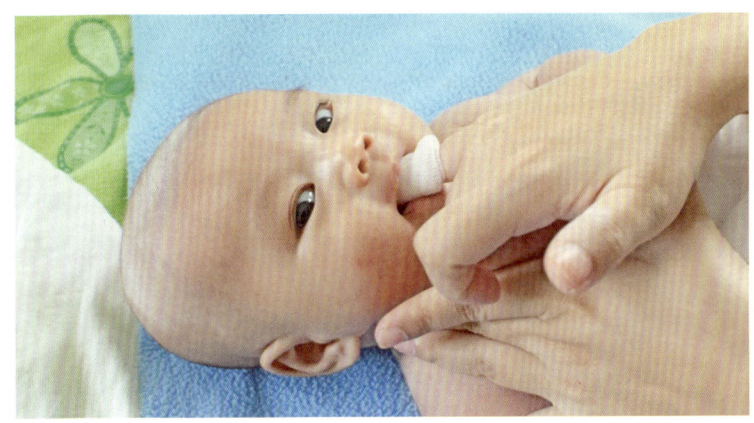

를 사용하면 오히려 마음이 놓여 양치질을 소홀히 하게 되는 경향이 있습니다. 알코올 성분이 들어 있지 않은 어린이용 구강청정제를 사용하면 되는데요. 신생아처럼 아주 어리면 사용하지 않는 것이 좋습니다. 구강청정제의 성분 중 일부는 신생아에게 너무 강하고 자극적일 수 있기 때문입니다. 또한 뱉어내도록 만든 약제의 일부를 삼키게 되므로 위장관에 해를 끼칠 수 있습니다. 그 대신 신생아용 치약을 사용하는 것이 낫습니다. 이것도 꼭 사용해야 하는 것은 아닙니다. 신생아는 물로만 닦아주는 것을 권장합니다.

 구강 티슈에 대해서도 많이 문의합니다. 아직 치아가 나지 않은 잇몸이나 혀 부위를 닦는 데 사용할 수는 있습니다. 특히 돌 이전 밤중 수유를 할 때는 구강 티슈로 한 번 닦아주고 재우면 도움이 될 수 있습니다. 하지만 이 역시 꼭 사용해야 하는 것은 아닙니다. 가재수건에 물을 묻혀 닦아주는 것으로도 충분합니다. 치아가 나오고 난 뒤에는 구강 티슈로 양치질을 대체하면 안 됩니다. 반드시 칫솔로 꼼꼼히 치아를 닦아줘야 합니다.

2. 칫솔은 어떤 것을 쓰면 좋을까요

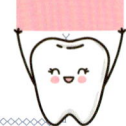

Q "칫솔은 어떤 것을 사용해야 하나요? 360도 회전 칫솔을 사용할 때 아이가 덜 싫어해서 사용하는데 좋은 게 맞나요?"

A 시중에 나와 있는 어린이용 칫솔은 야광 칫솔부터 노래하는 칫솔까지 종류만 해도 수십 가지입니다. 칫솔은 보통 칫솔대는 플라스틱 재질이고 나일론 재질의 칫솔모가 약 2,500가닥씩 40여 다발로 뭉쳐 있습니다. 칫솔의 역사는 생각보다 아주 오래됐습니다. 기원전 3000년 전까지 거슬러 올라갑니다. 이집트 무덤에서 '최초의 칫솔'로 추정되는 나뭇가지가 나왔습니다. 볼펜 크기 정도이며 나무의 한쪽을 씹어 섬유질 모양으로 부드럽게 만들었다고 합니다. 현재 우리가 사용하는 솔로 된 칫솔 형태는 1500년쯤 중국에서 만들어졌습니다. 뻣뻣한 돼지털을 대나무에 끼워 사용했습니다.

19세기에 프랑스의 세균학자 파스퇴르는 동물의 털을 사용한 칫솔은 세균의 온상이라며 문제를 제기합니다. 그 후 미국의 듀폰사가 나일론을 개발하면서 이 문제를 깨끗하게 해결합니다. 1938년에 듀폰은 나일론 털과 플라스틱 자루로 만든 칫솔을 판매했는데 인류의 보건 위생에 획기적인 사건이 됩니다. 과거에는 칫솔이 너무 비싸 한 개로 가족 모두가 썼는데 듀폰의 나일론 칫솔로 1인 1칫솔의 시대가

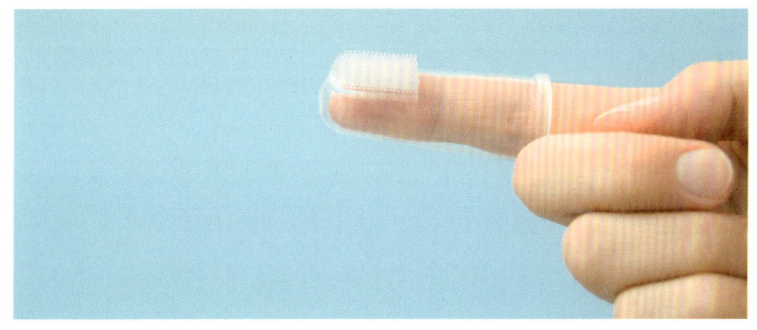
실리콘 칫솔. 치아가 아직 나오지 않은 아이들의 잇몸 마사지용으로 만들어진 것이다.

열린 것입니다. 그 뒤 칫솔은 다양한 형태와 기능을 더해 발전을 거듭해왔습니다. 최근에는 미세전류를 이용해 치태를 효과적으로 제거하는 트로마츠 칫솔도 개발돼 시판되고 있습니다.

치아가 막 나기 시작하는 생후 6개월 정도에는 일명 손가락 칫솔이라고 불리는 실리콘 칫솔을 사용할 수 있습니다. 하지만 원래 실리콘 칫솔은 치아가 나오지 않은 아이들의 잇몸 마사지용으로 만들어진 것이므로 치태 제거에 효과적이지 않습니다. 치아가 났으면 칫솔을 이용해서 치아를 닦아주는 것이 좋습니다. 칫솔은 나이에 맞는 단계를 선택하면 됩니다. 칫솔모는 어느 정도 강도가 있고 칫솔 머리 부분은 둥근 것이 좋습니다. 칫솔질을 힘들어하는 아이에게는 머리 부분이 좀 작은 것을 주면 거부감이 덜할 수 있습니다.

아이들이 양치질을 많이 불편해하지 않는다는 이유로 360도 회전 칫솔을 사용한다는 보호자가 많습니다. 그런데 아이가 불편해하지 않는다는 것은 제대로 닦이지 않는다는 뜻과도 같습니다. 회전 칫솔은 항암치료를 하는 아이들을 위해 만들어졌습니다. 그러다 보니 면역력이 떨어져 있을 때 입 안에 상처를 주지 않기 위해 아주 부드러운 칫솔모로 제작됩니다. 당연히 일반 아이들의 칫솔질에는 약할 수밖에 없습니다.

　전동칫솔 사용을 문의하는 분도 많습니다. 일반 칫솔과 전동칫솔의 효과는 차이가 없다고 알려져 있습니다. 그런데 손재주가 발달하지 않은 어린이가 전동칫솔을 사용하면 치태가 더 잘 제거되며 특히 어금니의 안쪽 면을 닦을 때 효과가 크다는 연구 보고가 있습니다. 따라서 아이가 전동칫솔을 무서워하지 않고 좋아한다면 사용하는 것을 권장합니다. 전동칫솔 제조사에서는 만 3세 이후의 아이부터 전동칫솔을 사용하는 것이 가능하다고 하고 있습니다. 아이의 협조나 적응 정도를 보고 사용 여부를 판단하는 것이 좋습니다.

　전동칫솔은 크게 회전식과 음파식이 있는데 둘 중에 어느 한쪽이 탁월하게 우수한 것은 아닙니다. 회전식과 음파식 모두 세척력에서는 큰 차이를 보이지 않습니다. 다만 회전식은 단위 시간 대비 치아의 기계적인 세척력이 좀 더 우수하고 음파식은 치주질환이 있거나 교정환자에게 좀 더 우수하다고 합니다. 어느 방식이든 상관없이 아이가 양치질에 좀 더 흥미를 느낄 수 있는 디자인의 제품을 선택하는 것이 좋겠습니다.

　칫솔은 평균 3~4개월에 한 번씩 교체하는 것을 권장하고 있습니다. 그전이라도 칫솔모가 바깥으로 벌어지거나 사방으로 퍼지기 시작하면 바꿔주세요. 미국치과의사협회에 따르면 칫솔을 자주 바꾸는 것은 세균 감염이 아니라 칫솔의 예상 수명에 근거한 것이라고 합니다. 솔이 해진 칫솔은 치아를 닦고 치태를 없애는 본연의 기능을 제대로 할 수가 없으니 꼭 바꿔주세요.

3. 치약은 언제부터 써야 하나요

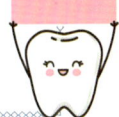

Q "치과에서 치아가 약한 것 같다며 불소치약을 사용하라고 했어요. 저불소를 쓰라고 하지만 아직 아이가 완전히 뱉어내지 못하는데 써도 될까요?"

A 미국소아치과학회도 세계소아치과학회처럼 치아가 나오자마자 불소치약을 쓰는 것으로 기준이 바뀌었습니다. 대한소아치과학회는 만 2세 미만의 아이들은 불소가 함유되지 않은 치약을 사용하거나 물로만 닦으라고 권고하고 있습니다. 그리고 일반적으로 뱉을 수 있는 나이인 만 30개월 정도부터 불소가 함유된 저불소 치약을 사용하도록 권장하고 있습니다. 그러나 만 2세 미만이라도 이미 치아우식증이나 치아 저형성증이 있으면 불소가 함유된 치약을 쌀 한 톨 정도의 양을 묻혀 깨끗하게 닦아준 뒤 가제 수건이나 거즈에 물을 묻혀 두세 번 입 안을 닦아주세요. 그러면 삼키는 불소량은 거의 미미한 것으로 알려져 있습니다.

아이가 잘 뱉어내기 시작하면 불소치약을 완두 콩알만큼 묻혀서 칫솔질하고 물로 충분히 헹굴 수 있게 해주면 됩니다. 일반적으로 성인용 불소치약에는 불소가 1,000~1,500ppm 정도 들어 있고 아이용 불소치약에는 단계에 따라 500~700ppm 정도 들어 있습니다. 불소의 함량은 치약의 뒤편 성분표를 보면 확인할 수 있고 대개 유치열기에는 저불소 치약 정도면 충분합니다. 하지만 치아가 많이 약한 경우에는 성인용 불소치약을 사용하도록 권장하기도 합니다.

치약을 추천해달라는 질문도 많습니다. 시중에 판매되는 치약의 종류는 칫솔만큼이나 다양하니 아이가 좋아하는 향을 고르면 됩니다. 다만 잇몸병 예방, 시린 이 보호, 미백 기능처럼 특정한 목적에 맞춰 만든 치약은 대부분 성인용이어서 아이들에게는 적합하지 않습니다. 치약에는 불소 외에도 여러 보조제가 들어가게 되는데 기능성 치약들은 추가적인 보조제가 더 들어갑니다. 치약의 성분에 관해 설명해주는 웹사이트나 앱을 활용하면 도움이 됩니다.

치약도 칫솔만큼이나 그 사용 역사가 오래됐습니다. 기원전 5000년에 이집트인들은 몰약과 쇠발굽의 잿가루 또는 달걀 껍데기를 빻아서 태운 것을 섞어 가루 치약을 만들었습니다. 이것을 손가락으로 치아에 묻혀서 문질렀습니다. 중국에서는 버드나무를 깎아 사용했다는 기록이 있습니다. 버드나무 가지에는 소독 효과를 내는 성분이 있습니다. 양치養齒는 버드나무 가지를 뜻하는 양지楊枝가 바뀐 단어라고 합니다. 그 외에 소금과 모래를 치아에 문질러 닦기도 했는데요. 일반인들에게는 소금이 비쌌기 때문에 모래가 더 일반적으로 사용됐습니다. 지금과 같이 튜브를 짜서 쓰는 형태의 치약은 1850년대에 개발됐습니다. 1896년 미국의 콜게이트사가 튜브에 담아 판매하면서 널리 보급됐습니다.

4. 이 닦기를 싫어하는데 어떡하죠

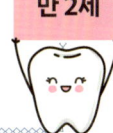

Q "어금니까지 유치가 났어요. 그런데 양치질을 너무 싫어해서 저녁마다 전쟁이에요. 억지로 닦이면 트라우마가 생길 것 같은데 좋은 방법이 없을까요?"

A 어린아이들은 이 닦기를 싫어합니다. 안타깝게도 좋아하게 만들 특별한 방법 또한 없습니다. 다만 이 닦기를 놀이처럼 하거나 부모님들이 본보기를 보여주면 좀 더 친숙하게 느낄 수 있을 것입니다. 예를 들어 칫솔질할 때 좋아하는 음악을 틀어주거나 부모님이 이 닦는 모습을 보여주는 것입니다. 엄마 아빠가 서로 이를 닦아주는 모습을 보여주는 것도 괜찮고 아이가 직접 엄마나 아빠의 이를 닦게 해주는 것도 좋습니다.

여러 노력을 해도 아이가 이 닦기를 매우 싫어할 수 있습니다. 하지만 싫어한다고 해서 중단하게 되면 매번 이 닦기를 거부할 것입니다. 제대로 이 닦기가 안 돼 잇몸이 붓거나 염증이 생기면 아프거나 피가 나게 돼서 더욱 거부하는 악순환이 반복됩니다. 부모님이 타협 없이 반드시 해야 한다는 인식을 하고 아이가 싫어하더라도 이 닦기를 계속해야 합니다. 그래야 아이도 이 닦기는 꼭 해야 하는 것임을 알고 고집을 꺾게 됩니다.

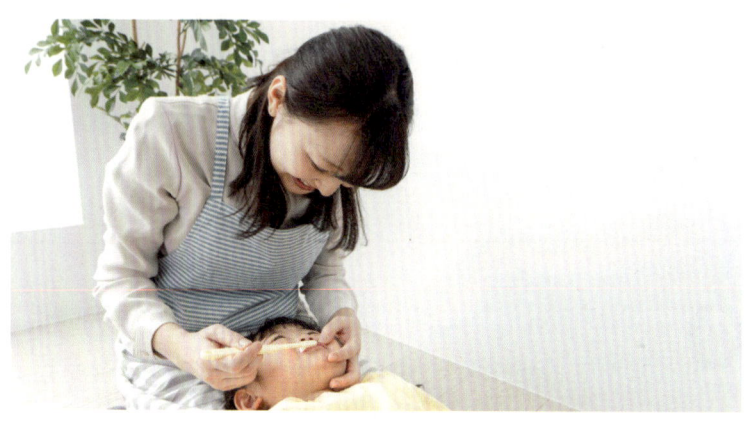

기본적인 자세는 양반다리를 한 엄마에게 아이를 눕힙니다. 그래서 엄마가 아이의 얼굴을 위에서 보면서 하는 것입니다. 왼손으로는 볼을 젖히거나 입술을 올려서 이를 닦기 쉽게 하고 오른손으로 칫솔을 잡고 닦습니다.

아이가 혼자 닦고 싶어 한다면 먼저 아이가 혼자 칫솔질을 하게 해주고 부모님이 검사를 해야 합니다. 보통 초등학교 저학년까지는 칫솔질을 꼼꼼하게 하기 어렵기 때문에 부모님이 마무리해주는 것이 좋습니다.

상담을 하다 보면 이 닦기를 억지로라도 열심히 시켜야 하는 아이들이 있습니다. 그런데 이미 충치가 진행돼 시린 느낌이 있거나 잇몸이 부어 있으면 양치질을 더 싫어할 수 있습니다. 이럴 때 부모님들은 억지로 양치를 시켰을 때 트라우마가 생길까 봐 망설이게 됩니다.

대개 만 2~3세까지는 구강기가 끝나지 않았으므로 구강의 감각이 예민한 상태입니다. 더구나 치아가 나오고 있다든가, 충치나 잇몸 염증이 있다든가 하면 양치할 때마다 불편할 수밖에 없습니다. 이럴 때 아이가 심하게 거부한다고 해서 양치질을 해주지 않으면 이후

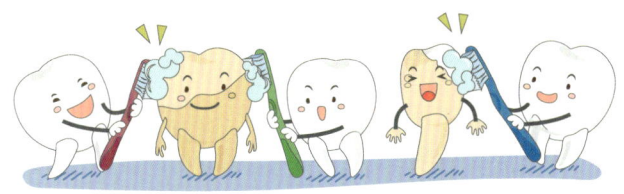

거부감이 더 심해질 수 있습니다. 따라서 부모님은 아이가 양치질을 좋아하지 않는 것을 공감해주되 '해야 할 것은 해야 한다.'라는 마음으로 단호해져야 합니다. 그러다 보면 어느 순간 아이가 부모님에게 협조하게 될 것입니다.

그렇다고 해서 아이에게 겁을 준다든지, 매번 보상을 제공한다든지 하면 점점 더 힘들어질 수 있습니다. "○○이가 양치질하는 게 불편하구나. 하지만 양치질은 싫어도 해야 하는 거야. 얼른 하고 엄마랑 놀자." 하고 아이의 마음은 공감하되 해야 한다는 것은 꼭 인지시켜 주는 것을 잊지 마세요.

아이가 양치하는 것을 너무 싫어하다 보니 저녁 양치 후에 자일리톨 사탕을 주기도 하는데요. 자일리톨이 충치 예방에 도움이 되는 것은 맞습니다. 열량이 거의 없어 충치 유발 세균의 증식을 억제하는 효과가 있습니다. 그러나 절대 칫솔질을 대체하는 수단이 될 수는 없습니다. 입 안 세균에 영양을 주는 물질이 남아 있으면 효과가 뚝 떨어집니다. 즉 치아를 잘 닦고 추가로 사용할 때만 충치 예방에 도움이 된다는 뜻입니다.

5. 양치는 하루에 몇 번 할까요

Q "책이나 주변에서는 양치질을 하루 3번 해주라고 하는데요. 너무 바빠서 닦아주기가 쉽지 않습니다. 저녁에 한 번만 제대로 닦아줄 수 있는데 괜찮을까요?"

A 양치질은 설거지와 같습니다. 입 안에 음식물이 묻어 있을 때마다 칫솔과 치약을 이용해서 자주자주 닦아내는 것이 치아 건강에 가장 좋습니다. 이상적인 방법은 간식이나 식사 후에 양치질을 곧바로 하는 것입니다. 하지만 아침에는 부모님은 일하러 나가거나 아이들은 어린이집이나 유치원에 가야 하니 바쁩니다. 점심에는 기관에서 양치질을 한다 해도 아이들이 혼자 하니 제대로 잘 안 됩니다. 최근에는 코로나19 때문에 양치질을 하지 않는 기관이 많은 것으로 알고 있습니다. 그래서 보통은 저녁에만 양치질을 제대로 봐줄 수 있는데요. 특별히 치아가 약하지 않은 대부분의 아이들은 하루 한 번 자기 전에 양치질을 제대로 봐주고 치실로도 닦아준 후 물 이외 아무것도 섭취하지 못하게 하면 대부분 치아 건강을 잘 유지할 수 있습니다.

아침 점심 양치질을 못 봐주었다고 자책하지 마세요. 자기 전 한 번만 꼭 꼼꼼히 시켜주세요. 대신 간식을 먹고 난 뒤나 아침을 먹었는데 양치질을 하지 못하게 됐을 때는 10분 이내에 물로 입을 헹구게 해주는 것이 좋습니다. 충치가 심한데다가 태생적으로 치아가 매우 약한 아이들은 체계적인 관리가 필요할 수 있으니 치과 선생님과 상의하는 것이 좋습니다.

양치질을 하는 방법은 옆으로 문지르는 횡마법, 칫솔모를 치아와 잇몸 사이에 대고 치아 쪽으로 내려오면서 돌리듯 닦는 회전법, 동그라미를 그리며 닦는 묘원법(폰즈법) 등이 있습니다. 어떤 방법을 사용해도 크게 상관은 없습니다. 회전법은 치아가 짧은 아이들이 하기엔 좀 어려울 수 있습니다. 유치열기에는 횡마법과 폰즈법을 섞어서 하다가 영구치열기가 되면 회전법으로 넘어가면 됩니다.

양치질을 할 때 놓치는 부분이 잇몸입니다. 치아와 함께 잇몸도 같이 닦아주어야 합니다. 더 정확히 말하면 잇몸과 치아의 경계면을 닦아주는 것입니다. 이 경계면에 치태가 끼는 경우가 많습니다. 그렇게 두면 잇몸이 붓고 피가 나며 치아는 하얀 반점과 얼룩져 있는 현상이 발생하는 탈회가 시작될 수 있습니다. 또 위 어금니 바깥 면이 잘 안 닦이는 경우도 많습니다. 아이들이 칫솔질을 피하려고 볼에 힘을 주고 오므려서 그렇습니다. 아이에게 힘을 빼라고 하고 입을 거의 다물게 한 다음 손가락을 볼 쪽으로 집어넣어 충분한 공간을 마련한 뒤 칫솔을 집어넣어 닦아주면 더욱 효과적으로 칫솔질을 할 수 있습니다.

치아를 닦을 때는 나름대로 순서를 정해놓고 하는 것이 좋습니다. 순서 없이 닦다 보면 어느 순간 '여기를 닦았나?' 하고 헷갈립니다. 잘 닦이지 않는 부위인 아래 어금니 안쪽, 아래 앞니 안쪽, 위 어금니 안쪽, 위 앞니 안쪽을 닦는 것을 잊지 마세요. 마지막으로 혀를 칫솔로 2~3번 앞뒤로 쓸어내주면 세균 제거와 입 냄새 완화에 도움이 됩니다.

아이들도 스케일링이 필요할 때가 있습니다. 치석이 쌓였을 때 칫솔질만으로 없앨 수 없으므로 스케일링으로 제거해주어야 합니다. 어른들보다 치석이 잘 생기지 않고 잇몸질환이 드문 편이므로 정기적으로 할 필요는 없습니다.

제 아이 양치질 방법을 소개합니다. 치아의 모든 면을 놓치지 않고 비슷한 횟수로 닦아주는 것이 좋습니다. 순서를 정하고 닦아야 놓치는 부위가 없습니다. 대개 치아의 씹는 면, 바깥 면, 안쪽 면 순서로 닦고 마지막으로 혀를 닦아주면 됩니다. 아이가 어리다면 부모님이 이 순서대로 처음부터 닦아줘도 됩니다. 아이가 혼자 하고 싶어 하는 나이가 되면 먼저 하게 한 뒤에 마무리를 이 순서대로 할 수 있도록 지도하면 됩니다.

1. 치약이 칫솔모 틈새로 들어가도록 짜줍니다. 불소가 함유된 치약은 만 2세부터 사용하는 것이 좋습니다. 만 3세 이하까지는 쌀한 톨의 양이면 충분하고 이후의 나이는 완두 콩알 크기 정도의 사용량을 권장하고 있습니다.
2. 치약을 치아 면에 골고루 발라줍니다.
3. 일단 교합 면(씹는 면)을 빡빡 닦아줍니다. 여러 양치질 방법이 있지만 중요하지 않습니다. 치아를 수평으로 닦는 '횡마법'을 기본으로 하면 됩니다.

4. 위턱(상악) 바깥 면을 안쪽 치아부터 깨끗하게 닦아줍니다. 이때 아이들이 볼에 힘을 줘서 칫솔을 밀어내려 할 수 있으므로 반대쪽 손가락으로 볼을 젖혀서 칫솔이 들어갈 공간을 확보하도록 합니다.
5. 아래턱(하악) 바깥면도 같은 방법으로 닦아줍니다.
6. 위아래 턱의 안쪽 면을 닦아줍니다. 안쪽 면은 칫솔이 접근하기 어렵기 때문에 칫솔을 약간 세워서 닦습니다. 특히 아래턱 어금니 안쪽 면은 혀에 덮여 있어서 잘 안 닦이기 때문에 특히 주의를 기울입니다.
7. 물로 5회 이상 헹궈줍니다. 이보다 적게 헹구면 치약의 성분이 입 안에 많이 남을 수 있습니다.
8. 혀를 닦고 치실로 치아 사이 면을 닦아주는 것으로 마무리합니다.

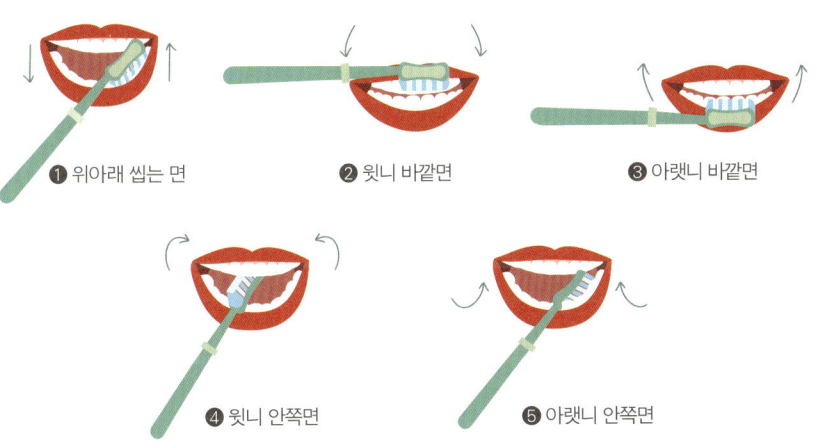

6. 치실을 사용해도 될까요

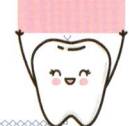

Q "치실을 쓰면 치아 사이가 넓어진다고 하는데 써도 되나요? 아이들에게는 치간 칫솔을 쓰면 안 되나요?"

A 소아치과 의사로서 제가 가장 많이 쓰는 단어가 '치실floss'이라고 생각될 정도로 아이들의 구강 건강에 매우 큰 영향을 미칩니다. 유치 사이의 배열은 영구치와 달리 면으로 접촉돼 있어서 점으로 접촉돼 있는 영구치보다 사이 면에 음식물이 훨씬 더 잘 끼고 빼기가 훨씬 더 어렵습니다. 이럴 때 치실을 사용해야 합니다.

만 3~5세 어린이의 치과 치료의 가장 큰 비율을 차지하는 인접면 우식증은 치실이 불소보다 예방 효과가 큽니다. 간혹 치실을 사용하면 잇몸이 상한다거나 치아 사이가 벌어진다고 알고 있는데 그렇지 않습니다. 치실을 올바르게 사용하면 잇몸 손상이나 치열 변화를 전혀 일으키지 않습니다.

시중에는 일반적으로 길게 끊어서 쓰는 기본 치실도 있고 Y자형 어린이용 치실도 있는데 보호자가 사용하기 편한 것으로 선택하면 됩니다. 최소한 하루에 한 번은 치실로 어금니 사이나 앞니 사이의 딱 붙어 있는 부분을 쓸어내듯이 닦아주세요. 처음에는 치아 사이 면에 잇몸이 다소 부어 있어 아이가 치실을 사용하면 싫어하거나 피

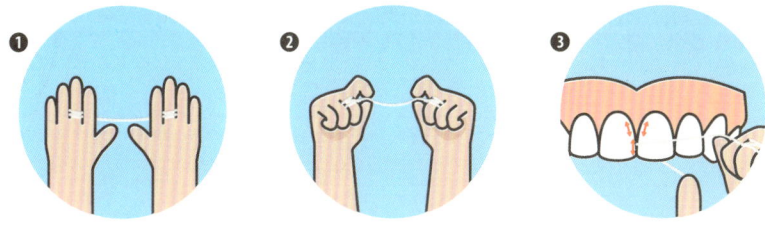

가 나기도 합니다. 2주일 정도만 참고 하다 보면 피도 더 이상 나지 않고 아이도 익숙해질 것입니다.

어떤 치실을 사용하는 것이 좋은지 많이 물어보는데요. 보호자가 사용하기 편한 것을 쓰면 됩니다. 기본 치실은 40~50센티미터 정도로 잘라서 사용합니다. 자른 실을 양쪽 중지에 2~3회씩 감은 다음 엄지손가락과 검지손가락으로 잡아 팽팽히 당겨서 치아 사이 면으로 밀어 넣어 쓸어내듯이 빼냅니다. 한 부위에 2~3회 반복합니다. 이 방법이 어려우면 Y자형 치실을 사용해도 됩니다. 요즘에는 치실도 캐릭터가 그려져 있거나 알록달록한 손잡이를 가진 것이 많이 나와 있습니다. 아이가 직접 좋아하는 치실을 고르게 해서 사용하는 것도 좋습니다. 치실을 사용하는 습관이 자리잡히면 나중에 청소년기에 잘 생길 수 있는 앞니 사이 충치나 잇몸병 예방에 효과적이고 성인이 됐을 때 잇몸 관리에도 큰 도움이 됩니다.

어린이에게 치간 칫솔 사용은 권장하지 않습니다. 그 이유는 잇몸이 매우 약하고 치아 면과 잇몸 사이가 너무 좁아서 잇몸에 상처를 낼 수 있기 때문입니다. 워터픽도 같은 이유로 추천하지 않습니다. 다만 교정 치료 중이라 치실 사용이 어려울 때는 양치질 보조 용도로 워터픽을 사용할 수 있습니다.

7. 왜 자꾸 입 냄새가 날까요

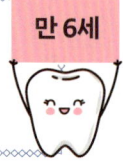

만 6세

Q "며칠 전부터 입에서 냄새가 조금 납니다. 이가 좀 더디게 나는 편인데 요즘 영구치 위 앞니가 나오려고 하면서부터 나기 시작한 것 같습니다. 무슨 문제가 있는 걸까요?"

A 입 냄새의 원인은 여러 가지입니다. 입 안 바깥 세포조직인 상피세포는 수명이 대략 일주일 정도이며 계속 떨어집니다. 이 상피세포가 떨어져 부패해 냄새가 날 수 있습니다. 음식물이 위에서 분해되는 과정에서 역류하면 냄새가 나기도 합니다. 그 외 호흡기 질환, 역류성 식도염, 당뇨, 케톤증 같은 전신적 질환으로 냄새가 나기도 합니다. 충치가 심하게 진행돼 파인 곳에 음식물이 꼈거나 치아의 신경 조직이 죽었을 때도 냄새가 납니다.

혼합치열기 아이들의 입 냄새는 탈락한 상피세포가 부패해 나는 경우가 대부분입니다. 그래서 치아가 나오는 시기에 일시적으로 입 냄새가 날 수 있습니다. 만 6세쯤에 영구치 어금니가 나오고 앞니가 빠지는 시기에 도드라집니다. 치아가 잇몸을 뚫고 나오면서 상피가 갈라진 부분이 흡수되는 과정에서 나는 것으로 추정됩니다. 이때는 잇몸을 손가락이나 거즈로 마사지를 해주고 가능하면 볼과 혀도 닦아주는 것이 좋습니다. 구강청정제를 사용해서 일시적으로 입 냄새

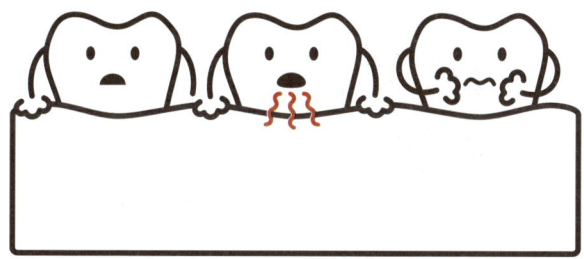

를 없앨 수는 있습니다. 하지만 입 안을 건조하게 만들어 결과적으로는 입 냄새가 더 심해질 수도 있습니다. 치아가 완전히 나왔는데도 입 냄새가 사라지지 않고 계속된다면 검진을 받아 정확한 원인을 찾아봐야 합니다.

불량한 구강위생도 입 냄새의 원인이 됩니다. 양치를 소홀히 하면 치아 사이에 남아 있는 음식물 찌꺼기와 세균이 만나 음식이 썩은 듯한 불쾌한 냄새를 내뿜습니다. 이런 문제는 양치질을 자주 하고 치실을 사용하면 충분히 예방할 수 있습니다.

항상 입을 벌리고 다니는 아이도 입 안이 건조해져서 입 냄새가 날 수 있어요. 비염이나 축농증이 심한 아이도 입 냄새가 심할 때가 있습니다. 비염이나 축농증으로 인해 콧물의 양이 증가하게 되면 그 분비물 자체와 입 안에 일부 유입된 분비물이 발효돼 입 냄새가 날 수 있습니다. 이런 경우는 이비인후과 치료를 받으면 입 냄새가 줄어들 수도 있습니다.

역류성 식도염, 당뇨, 케톤증과 같이 전신질환으로 입 냄새가 나는 비율은 10퍼센트 정도로 드문 편입니다. 질환에 따라 독특한 냄

세가 나기도 합니다. 당뇨는 달콤한 과일의 아세톤 냄새가 납니다. 케톤증은 화장실에서 나는 암모니아 냄새가 나고 간 질환은 달걀 썩는 냄새가 날 수 있습니다. 하지만 개인이 감별하기 쉽지 않습니다. 입 안에 국소적인 원인이 없는데도 입 냄새가 계속 난다면 내과 검진을 받아보세요.

 흥미로운 점은 아이의 입 냄새가 심하지 않은데도 정도를 심각하게 느끼고서 걱정하는 부모님이 흔하다는 것입니다. 만 5세 이상 12세 이하의 어린이를 대상으로 한 연구에서 참여한 아이 중 실제 입 냄새가 나는 아이는 23퍼센트였던 반면에 부모가 입 냄새라고 느낀 아이는 61퍼센트로 나왔습니다. 입 냄새는 객관적인 지표도 중요하지만 주관적 생각이나 느낌도 중요하게 작용합니다. 그 때문에 특별한 원인이 없는데도 입 냄새가 난다고 느껴진다면 검사를 받아서 확인해보세요.

8. 입 안이 많이 헐고 피가 나요

Q "아이가 어제부터 양치질을 하면 아프다고 울고 피도 납니다. 오늘은 입 냄새도 심하게 나고 잇몸이 전체적으로 많이 붓고 여기저기서 피가 나요. 어떻게 해주어야 할까요?"

A 헤르페스 잇몸구내염

헤르페스 잇몸구내염herpetic gingivostomatitis인 것으로 보입니다. 헤르페스 감염은 HSV 바이러스 때문에 생기는데 만 2~4세 아이들이 많이 걸립니다. 이 바이러스는 입 안에 염증을 일으킵니다. 많은 경우 급성 증상을 보이는데 잇몸의 심한 부종, 통증, 고열, 권태, 설사 등을 동반하기도 합니다. 간혹 거의 느끼지 못하고 지나갈 수도 있습니다. 10~14일 정도 지나면 저절로 치유가 됩니다.

헤르페스 잇몸구내염이 생기면 음식 먹기가 매우 힘들어지므로 아이들이 먹는 것을 거부하게 됩니다. 그러다가 자칫 탈수 증상이 생길 수 있으므로 부드러운 음식이나 마시기 좋은 음료 등을 준비해서 억지로라도 먹이는 것이 좋습니다. 과일 주스는 입 안의 병소 부위에 자극을 주므로 피하고 수시로 물을 먹이고 충분히 쉬게 해주는 것이 회복에 도움이 됩니다. 2차 감염을 방지하기 위해 양치질을 싫어해도 부드러운 칫솔로 닦아주고 입 안을 자주 소독해줘야 합니

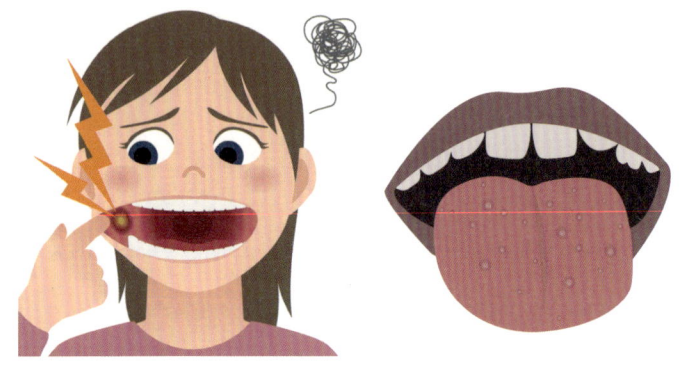

헤르페스 잇몸구내염

다. 증상이 너무 심하면 치과에서 항바이러스제를 처방받을 수도 있지만 대개 시간이 지나면 좋아집니다.

입 안이 헐고 수포가 생기는 질환에는 홍역, 수두, 수족구병 등이 있습니다. 이들 질환은 전신 증상과 구강 내 증상을 동반합니다. 구강 내 증상이 전신 증상보다 먼저 발생할 때도 있습니다. 입 안에 다발성 궤양이나 수포가 생기면 이런 바이러스성 질환을 의심해볼 수 있습니다.

아프타성 구내염

그 외에 아주 흔한 구강 질환에는 아프타성 구내염aphtous stomatitis이 있습니다. 보통 혓바늘이라고 불리는 하얀 궤양이 생기는데 통증이 심해서 고통스럽습니다. 하나 또는 여러 개가 동시에 생길 수 있으며 종종 재발합니다. 정확한 발생 원인은 밝혀지지 않았지만 스트레스가 원인이 될 수 있고 유전적 경향을 보이고 있습니다. 아프타성 구내염은 대개 10~14일이 지나면 자연스럽게 치유되며 헥사메딘 가글이나 보호 연고 등이 도움이 됩니다.

구순구각염

아이의 입꼬리가 갈라지고 부스럼이 나는 경우도 있습니다. 이를 구순구각염angular cheilits이라고 합니다. 구순구각염은 입술 경계선에 흔하게 발생하는 피부 질환입니다. 증상은 입술 주변에 빨갛게 염증이 생기고 화끈거리며 궤양이 생기거나 입술이 갈라집니다. 발병 부위가 종종 가렵고 고통스럽습니다. 심해지면 입을 벌릴 때 갈라진 틈에서 피가 나오기도 합니다. 갈라진 상처는 치유 과정을 거치면서 딱지를 형성할 수 있습니다.

구순구각염의 원인은 다양합니다. 곰팡이, 세균, 바이러스 감염 등으로 발생할 수 있으며 이외에 철분이나 비타민 B 결핍, 지속된 입술 핥기 또는 입술 깨물기 등이 원인이 되기도 합니다. 구순구각염은 원인에 따라 치료와 예방법이 다릅니다. 끊임없이 입술을 핥거나 깨물어 생기는 경우라면 습관을 그칠 수 있게 도와줘야 해요. 곰팡이나 세균 감염일 때는 항진균성 또는 항균성 연고를 바르면 낫습니다. 비타민 B나 철분 부족이 원인이라면 보충제를 복용하는 것이 도움이 됩니다.

9. 잇몸에서 피가 나요

Q "아이가 치실을 사용할 때마다 피가 나고 싫어하는데 계속 해주어야 할까요? 이렇게 피가 나는 것이 정상인가요? 혹시 잇몸병이 있는 건 아닌가요?"

A 치은염

어금니 사이에 충치가 생겼다는 것은 그동안 음식물이 많이 끼면서 잇몸에 염증도 있었다는 것입니다. 그러므로 그 부분에 치실을 사용하면 당연히 처음에는 피도 나고 아픈 것이 정상입니다.

그렇다고 치실 사용을 그만두면 충치가 계속 진행될 뿐더러 치아 사이에 계속 음식물이 끼어 잇몸 염증도 낫질 않습니다. 점점 더 치실을 사용하기 힘들어지게 됩니다. 그러니 아이가 불편해하고 피가 나는 게 당연하다고 생각하고 매일 꾸준하게 해주세요. 그러다 보면 어느새 잇몸 염증이 가라앉아서 아이도 아픔보다는 시원함을 느끼게 되고 피도 나지 않게 될 것입니다.

양치질할 때 피가 나는 경우도 마찬가지로 잇몸에 염증이 있어서 그렇습니다. 잇몸질환은 증상과 정도에 따라 치은염과 치주염으로 구분합니다. 치은염이 진행되면 치주염이 됩니다. 소아 청소년은 치주염은 거의 발생하지 않고 일반적으로 치은염이 나타납니다. 치은염은 잇몸의 염증을 뜻하는데 치아와 잇몸 경계 부분의 염증이 특징입니다. 연구에 따르면 보통 치은염은 만 3세부터 시작된다고 알려져 있으며 약 3분의 1 정도가 염증 증상을 보인다고 합니다. 치은염의 빈도는 아이의 나이가 많아질수록 높아지다가 대략 10~12세가 되는 시점부터 염증 정도와 발생 빈도가 낮아집니다. 그러다 사춘기가 되면 호르몬의 영향으로 다시 잇몸이 붓고 피가 나곤 합니다. 일부 연구에서는 사춘기 아이들의 치은염 발병률이 90퍼센트라고 보고하고 있습니다.

대개 치은염은 불량한 구강위생 때문에 생깁니다. 치아와 잇몸의 경계 부분에는 음식물이 잘 들어가고 끼어 있을 수 있게 골이 져 있는데 그 부분에 음식물이 계속 끼게 되면 염증을 일으키게 됩니다. 이런 경우도 역시 그 경계 부분을 마사지하듯이 섬세하게 칫솔질해주면 며칠 내로 피도 안 나고 잇몸이 회복됩니다. 따라서 꼭 양치질을 해줘야 합니다.

아이들은 양치질을 해줄 때 앞니 부분을 닦으려고 하면 싫어하고 입을 오므리면서 저항합니다. 그러다 보니 앞니 부분의 잇몸이 더 자주 붓는 경우가 많습니다. 특히 입을 벌리고 다니며 호흡하는 구口호흡 아이들은 잇몸이 말라서 더 심할 수 있습니다. 잇몸이 말라 있으면 세균이나 다양한 먼지와 이물질 등이 잘 달라붙어 쉽게 염증이 생깁니다. 아이가 앞니 쪽 양치질을 싫어하는 이유는 그 부분에 감각이 집중돼 더 예민하게 느끼기 때문입니다. 아이가 싫어할지라도 꼭 입술을 젖혀 잘 닦아주세요.

치은증식증

종종 잇몸이 지나치게 비대해지는 치은증식증이 나타날 수 있습니다. 치은증식증은 잇몸이 전반적으로 비정상적으로 커져서 치아를 덮는 질환입니다. 대개 항경련제, 면역 억제제, 종종 고혈압 치료약으로 처방되는 칼슘 통로 차단제 등을 복용하는 환자에게 관찰되는데 주로 앞니에 자주 나타납니다. 치은증식의 정도는 치태가 조절되는 정도와 밀접한 관련이 있습니다. 구강위생 교육이나 잇몸 주변에 쌓여 있는 치석과 이물질을 날카로운 도구로 긁어내며 제거하는 스켈링이나 치아가 착색된 부분을 치아 사이가 아니라 치아 표면에 묻은 플러그를 제거해서 치아가 착색된 부분을 살짝 닦아내어 다시 하얗게 만드는 치면 세마 등을 통해 병소의 진행을 제한할 수 있습니다.

치근단 병소

진료실에 있다 보면 잇몸에 뾰루지 같은 게 생긴 아이를 종종 만납니다. 이런 뾰루지 형태로 염증이 올라오는 것은 잇몸의 염증은 아니고 치아 뿌리에 염증이 발생한 치근단 병소 periapical lesion가 생긴 것입니다. 충치나 외상 등이 원인이 돼 치아 뿌리 끝에 염증이 생기고 그 염증이 잇몸 쪽으로 뚫고 나온 것입니다. 그대로 두게 되면 치아 뿌리 쪽 염증을 놔두는 것이니 그 부분에 자라는 영구치의 싹에 좋지 않은 영향을 줄 수 있습니다. 반드시 엑스레이를 찍어 치아의 뿌리 상태를 확인하고 어떤 치료를 해야 할지 결정해야 합니다. 치아 뿌리 부분이 건강하거나 영구치가 나오기까지 한참 시간이 남은 경우라면 신경치료를 합니다. 치아 뿌리 부분이 흡수되거나, 영구치에 이미 영향을 주고 있거나, 곧 영구치가 나올 예정이라면 발치를 하게 됩니다.

[진료실 스케치]

 마이쮸와 콜라

마이쮸는 만 3~5세 아이들이 가장 좋아하는 간식인데 끈적끈적한 젤리로 치아에 딱 달라붙어 충치를 일으키는 주범입니다. 저도 먹어보았는데 쫀득하면서 달짝지근한 것이 참 맛있습니다. 제 아들은 좀 더 센 맛 스타일이라 새콤달콤을 더 좋아하지만 말입니다.

진료하다 보면 가끔 부모님에게 은밀한 부탁(?)을 받는 경우가 있습니다. "선생님. 마이쮸 안 먹겠다는 약속 좀 받아주세요." 아이들은 똑같은 말이어도 엄마가 말할 때와 선생님이라는 권위 있는 어른이 말할 때 다르게 받아들입니다. 그래서 곧잘 그 은밀한 부탁을 들어드리는 편입니다.

"우리 ○○이 마이쮸 안 먹겠다는(또는 너무 가혹하다 싶을 때는 하루에 한 번만 먹겠다는) 약속 선생님이랑 할 수 있어요?"라고 물어보면 대부분의 아이들은 큰 결심을 한 듯 고개를 끄덕이고 손가락 걸기에 도장까지 찍어주고 갑니다. 그리고 다음 진료일에 아이에게 약속을 지켰는지 물어보면 약속을 철석같이 지킨 아이는 자랑스럽게 대답하고 그렇지 못한 아이는 대답을 회피하곤 합니다.

그런데 데이비드는 달랐습니다. 미군 가족의 아이였던 데이비드는 미국 그림책 『안 돼, 데이비드!No, David!』에 나오는 주인공 데이비드와 이름이 똑같고 성격도 닮은 엄청난 말썽꾸러기였습니다. 데이비드는 충치가 있었습니다. 다행히 아직은 초기 단계라 잘 관리하면서 지켜보기로 했습니다. 데이비드의 부모님도 아이에게 젤리를 먹지 말라고 말해 달라는 은밀한 부탁을 건넸습니다. 저도 다른 아이들에게 하듯이 데이비드에게 제안을 가장한 강요를 했습니다. "데이비드, 캔 유 프라미스 낫 투 잇 젤리?"

그런데 요 녀석이 조금 고민하더니 아주 단호한 태도로 "노! 아이 캔트!" 하는 것이 아닙니까! 헐! 이 반응은 뭐지? 그 단호한 태도에 속으로 놀란 저는 한발 물러서서 하루에 하나로 협상에 들어갑니다. "데이비드, 하우 어바웃 원 데이 원 젤리?" 그러나 데이비드는 역시나 단호한 태도로 "노! 아이 캔트!" 하고 대답합니다. 그러더니 역협상이 들어옵니다. 본인은 젤리가 너무 좋아서 끊을 수가 없으니 칫솔질을 열심히 해보겠답니다.

그러고 보니 모두에게는 기호식품이 있습니다. 기호식품이란 말 그대로 영양이나 필요와 상관없이 그저 좋아서 먹는 식품입니다. 저는 콜라를 정말 좋아합니다. 치과의사가 콜라 애정자라니 참 웃기는 일인데요. 제 나름대로 사정이 있습니다. 원래 전 콜라 같은 탄산음료를 별로 좋아하지 않았는데 인턴을 할 때 좋아하게 됐습니다. 인턴은 종일 서서 동동거리고 누군가의 눈치를 봐야 합니다. 목이 타도 물을 수시로 마실 수 없고 종일 돌아다니다 보니 저녁때가 되면 그리도 목이 탔습니다. 그전까지는 밥과 콜라를 같이 먹는 사람들을 이해할 수가 없었는데요. 저녁 때 인턴 동기들과 밥을 시켜 함께 먹는 콜라는 하루의 갈증을 다 해소해주는 소화제였던 것입니다.

그래서 지금도 조금 갈증이 날 때나 종일 설명을 많이 해서 목이 타는 늦은 오후에는 그리도 콜라가 당깁니다. 고질적인 위장병도 가지고 있고 탄산은 건강에 백해무익한 것도 압니다(치아에도 물론 좋지 않습니다). 하지만 인턴할 때의 기억이 더해져 콜라가 목구멍으로 넘어갈 때의 그 청량감을 끊을 수가 없습니다. 그러니 제가 어찌 데이비드를 막을 수 있을까요. 40이 다 된 어른도 몸에 나쁜 줄 알면서 콜라를 찾는데 5세 아이가 젤리 좀 먹겠다는데 말입니다. 게다가 자기 나름대로 협상안으로 젤리를 먹고 칫솔질을 열심히 해보겠다는데요.

기호식품은 어른의 전유물이 아닙니다. 아이들도 기호식품을 가질 권리가 있습니다. 잘 먹고 잘 닦고 안 되면 충치 벌레는 제가 잡아주면 될 일입니다.

어쨌든 마이쮸 회사는 오늘도 성업 중이겠네요.

"예스, 데이비드. 유 캔 잇 더 젤리!"

6장

구강 악습관을 고칠 수 있나요

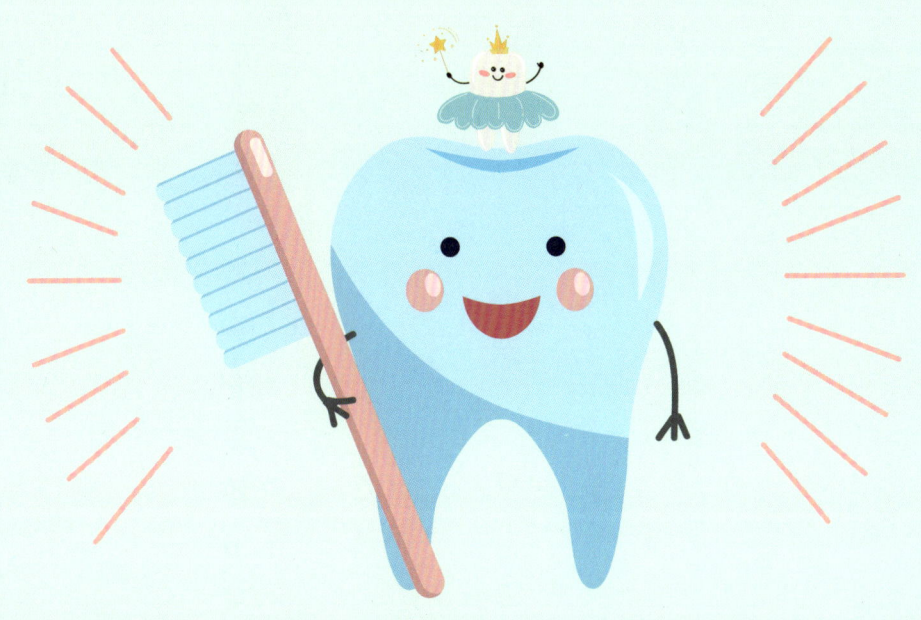

"처음에는 우리가 습관을 만들지만 나중에는 습관이 우리를 만든다."

영국의 시인 겸 극작가 존 드라이든John Dryden이 한 말입니다. 습관은 매우 중요합니다. 성장하는 어린이에게도 여러 가지 습관이 나타납니다. 공갈 젖꼭지 빨기부터 시작해 손가락 빨기, 혀 내밀기, 이갈이, 입술 뜯기, 손톱 깨물기, 구호흡 등이 있습니다. 어린이의 구강 습관은 발육하는 치열과 뼈 조직에 압력을 줄 수 있습니다. 장기간 심하게 지속되면 치아가 틀어져 부정교합을 초래할 수도 있습니다. 하지만 어떤 습관들은 아이의 발달 과정 중에 어쩔 수 없이 나타나기도 해서 무작정 제지만 할 수는 없습니다.

이번 장에서는 아이에게 나타날 수 있는 구강 악습관에 대해 알아보고 대처 방안을 제시하고자 합니다.

1. 공갈 젖꼭지를 빨면 구강 구조가 바뀔까요

10개월

Q 아이가 공갈 젖꼭지를 너무 좋아합니다. 그런데 공갈 젖꼭지를 물면 구강 구조가 바뀐다고 하던데요. 괜찮을까요?"

A 저도 그랬지만 우리나라는 참으로 아이가 공갈 젖꼭지(일명 쪽쪽이)를 빠는 것에 대해 관대하지 못한 것 같습니다. 외국 아이들은 뛰어다니는 나이가 돼서도 쪽쪽이를 빨고 다닙니다. 그런데 우리나라 부모님은 쪽쪽이를 물리면서도 항상 죄책감을 느끼는 듯합니다.

결론부터 말하자면 괜찮습니다. 오히려 절대로 억지로 제지하면 안 됩니다. 만 3세까지는 발달 단계 중 구강기에 해당하기 때문에 입 안을 탐색하면서 성장하게 됩니다. 이 시기에 쪽쪽이나 손가락 등을 입 안에 넣는 것은 지극히 당연한 발달 과정입니다. 아기는 입술과 혀의 근신경 기능이 발달된 반사인 빨기 반사 sucking reflex 를 갖고 태어납니다. 엄마가 젖꼭지를 대기만 해도 빨려는 행동을 보이는데요. 이는 생존을 위해서도 중요한 반사 기능이라 할 수 있습니다.

아이들은 빠는 행동을 통해 신체에 영양을 공급받습니다. 이 행동은 입술, 혀, 구강점막을 자극함으로써 심리적 욕구도 충족해줍니

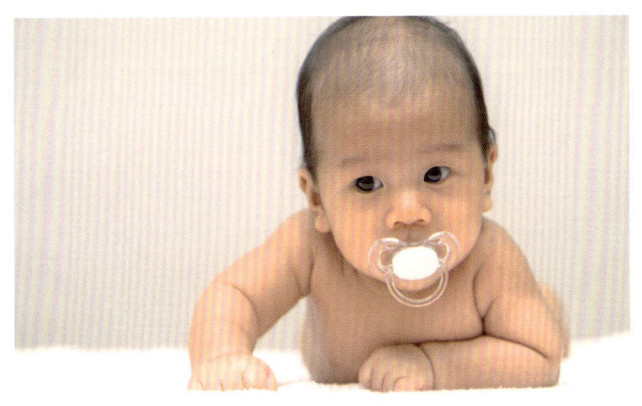

다. 아이가 성장함에 따라 손에 닿는 모든 물건을 입으로 가져갑니다. 혀와 입술로 핥거나 맛을 보아 좋게 느껴지면 먹으려 하고 안 좋게 느껴지면 밀어내는 것을 볼 수 있습니다. 이때 좋은 느낌을 받아 삼키려고 하는 것을 섭취introjection라고 하고 나쁜 느낌을 받아 혀로 밀어내는 것을 투사projection라고 합니다. 아이가 세상을 탐색하는 데 이 두 가지 반응이 매우 중요하기 때문에 구강기가 중요하다고 하는 것입니다.

구강기가 지나는 만 3세 이상이 되면 다른 자극에 관심을 갖게 되면서 대부분 자발적으로 쪽쪽이 빨기를 그만둡니다. 만약 구강기 시기에 억지로 아이에게 쪽쪽이를 뺏게 되면 쪽쪽이 빨기보다 더 그만두기 어려운 손가락 빨기나 손톱 깨물기 등의 습관으로 바뀔 수 있어요. 따라서 아이가 구강기를 지나 스스로 습관을 중단할 때까지 기다려야 합니다.

만 4세 이후까지 쪽쪽이를 빠는 습관이 지속되면 치과를 방문해도 좋습니다. 하지만 이 시기에도 치과에서는 적극적인 치료를 하지는 않습니다. 가정에서 더욱 적극적으로 습관을 중단하도록 유도하고 의사의 지도가 더해진다면 별다른 치료 장치 없이도 아이가 구강 습관을 중단할 것입니다.

만 6세 이후에도 습관이 계속된다면 쪽쪽이로 인해 위 앞니는 앞으로 뻐드러지고 아래 앞니는 뒤로 밀려날 수 있습니다. 위턱이 좁아지거나 앞니 사이가 벌어지는 부정교합이 생길 수도 있습니다. 이런 습관으로 발생한 부정교합은 습관을 중단하면 저절로 개선됩니다. 한 연구에서는 만 10세까지 구강 습관을 지속하다가 중단하면 그동안의 부정교합이 수년에 걸쳐 점차 개선된다고 보고하고 있으니 크게 걱정하지 않아도 됩니다.

2. 손가락을 빠는데 어떻게 해야 할까요

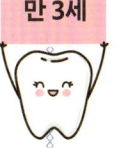
만 3세

Q "아이가 모유 수유를 중단하면서 돌쯤부터 손가락을 빨기 시작했어요. 손가락을 자꾸 빠니 감기도 자꾸 걸리는 것 같아서 걱정입니다. 어떻게 해야 할까요?"

A 아이에게 나타나는 좋지 않은 습관 중 가장 흔한 것이 손가락 빨기입니다. 대개 돌 전후로 잠시 빨다가 사라지지만 위 사례처럼 아이가 계속해서 손가락을 빨기도 합니다. 여자아이들에게 좀 더 많이 관찰되는데 80퍼센트 정도가 엄지손가락을 빠는 것으로 나타났습니다.

엄지손가락을 빠는 아이들은 나이가 많아지면서 급격하게 그만둡니다. 그런데 다른 손가락을 빠는 아이들은 나이가 많아져도 계속하는 경향을 보입니다. 저는 만 8세까지 검지손가락을 빨았어요. 제 아이는 엄지손가락을 빨았는데 만 4세쯤 되니 저절로 그만두었습니다. 어릴 때 쪽쪽이를 빠는 습관이 손가락 빨기로 이행될 수 있다는 연구도 있습니다. 오히려 쪽쪽이를 빨던 아이들에게는 손가락 빠는 습관의 비율이 낮게 나타났다는 연구도 있습니다.

손가락 빨기 습관도 지속되면 쪽쪽이 빨기 습관처럼 구강 구조의

변화를 일으킬 수 있습니다. 손가락이 항상 위 앞니를 미는 위치에 가 있어서 위 앞니가 많이 튀어나오게 됩니다. 아래 앞니는 상대적으로 안쪽으로 밀리게 되는데 심한 경우 위아래 치아가 닿지 않게 벌어지는 개방교합openbite이 생길 수도 있습니다. 이러한 구강 구조의 변화는 아이가 만 6세 이전에만 습관을 중단하면 자발적으로 개선이 되는 것으로 알려져 있습니다. 만 6세 이후에도 습관이 계속되는 경우에 습관 차단 장치 등을 고려할 수 있습니다. 하지만 어떠한 경우에도 중요한 원칙은 아이가 체벌로 받아들이지 않는 것입니다. 아이가 체벌로 느끼게 되고 긴장도가 높아지면 더더욱 습관에 대한 집착이 커질 수 있기 때문입니다.

제가 오랫동안 진료실에서 본 경험으로 만 6세 이후까지 심각하게 습관이 지속돼 습관 차단 장치를 한 아이들은 손에 꼽을 정도입니다. 대부분의 아이들은 만 3~4세에 기특하게도 자발적으로 그만 둡니다. 아이들에게 손가락 빨기에 관한 동화책을 보여주거나 때로는 아이의 기준에서 권위 있는 다른 사람, 즉 유치원 선생님이나 치과 선생님과 약속하는 것이 도움이 될 수 있으니 한번 시도해봐도 좋겠습니다. 대부분의 아이는 손가락을 빠는지도 모르게 빨기 때문에 그때 손을 잡아주는 식으로 그 습관을 가볍게 일러줄 수도 있습니다. 이때 다그치거나 혼내면 아이는 그 자체로 스트레스를 느껴 증상이 더 심해질 수도 있습니다. 부모님은 꼭 인내와 여유를 가져야 합니다.

아이에게 이런 습관이 나쁘다는 것을 알게 해주는 방법으로 손가락에 밴드를 붙이거나 약을 바르거나 혹은 장갑을 끼우는 방법 등을 고려해볼 수 있습니다. 하지만 역시 가장 중요한 것은 기다려주는 마음가짐입니다. 아이들은 믿어주는 만큼 자랍니다.

3. 윗니와 아랫니 사이로 자꾸 혀를 내밀어요

만 6세

Q "항상 입을 살짝 벌리고 다니고 윗니와 아랫니 사이로 혀를 내밀고 있어요. 그러다 보니 윗니와 아랫니 사이가 더 벌어지는 것 같아 걱정인데요. 이대로 두어도 괜찮을까요?"

A 늘 혀를 내밀고 있거나 위아래 사이에 끼어두는 아이들이 있습니다. 이렇게 오랫동안 혀 내밀기를 한 아이들은 어금니로 씹었을 때 앞니 사이가 벌어져 있는 개방교합이 관찰됩니다. 이럴 때는 먼저 혀가 너무 크거나 숨쉬기가 곤란해서 혀를 내미는 건 아닌지 원인을 파악해야 해요. 간혹 갑상선 기능 저하증이나 다운증후군이 있는 아이의 혀 크기가 비정상적으로 클 때가 있습니다. 너무 커진 편도나 인두의 보호기관인 인두편도가 여러 가지 장애를 일으키는 질환으로 주 증상이 코가 막히는 아데노이드도 혀 내밀기의 원인이 될 수 있습니다. 이런 경우는 아이가 어쩔 수 없이 혀를 내미는 것이므로 그 원인을 제거해줄 수 있는 내분비내과나 이비인후과 치료가 먼저 이루어져야 합니다.

　혀는 대부분 근육으로 이루어져 있어서 힘이 좋습니다. 그래서 입 안의 가장 큰 근육인 혀가 계속해서 치아를 밀게 되면 상당한 부정교합을 일으킬 수 있습니다. 그러면 왜 아이들에게 혀를 내미는 습관이 생기게 될까요? 일단 혀를 내미는 습관은 젖을 먹는 아기에게는 본능입니다. 이 시기에는 혀를 내밀고 우유를 삼키는 유아형 연하를 하게 됩니다. 그러다가 유치가 나오고 고형식을 먹으면서 점차 혀를 안으로 넣고 저작근을 이용해서 넘기는 성숙형 연하로 전환합니다. 하지만 젖병을 오래 사용하거나 씹기가 잘 안 되면 유아형 연하가 남아서 혀 내밀기 습관을 일으킬 수 있습니다. 위아래 앞니가 벌어진 개방교합이 있는 경우에도 혀 내밀기가 생길 수 있습니다. 혀 내밀기 습관에 의해 개방교합이 더 심화되는 악순환이 반복될 수 있습니다.

혀 내밀기 습관의 치료는 너무 어린 나이에는 권유하지 않습니다. 치열의 개방교합이 개선되면 혀를 내밀고 싶어도 내밀 수가 없어서 대개 저절로 개선되기 때문입니다. 하지만 그전에 간혹 아이가 혀를 내미는 습관으로 인해 또래에게 놀림을 받거나 부모님이 강력하게 원하면 혀를 내밀지 못하게 하는 습관 차단 장치를 고려해볼 수 있습니다.

일반적으로 초등학교 5, 6학년쯤 모든 영구치열이 완성된 후 개방교합을 치료하는 방향으로 접근합니다. 교정을 하면서 동시에 근기능요법myofunctional therapy을 같이하면 도움이 됩니다. 거창한 것은 아니고 혀의 위치가 계속 좋지 않으면 입을 벌리고 입으로 호흡하는 구호흡이 생길 수 있어서 혀의 올바른 위치를 교육하는 방법입니다. 이런 아이들은 대개 혀의 위치가 아래로 떨어져 있으므로 혀의 올바른 위치를 알려주고 그 위치에 있을 수 있게 혀 근육의 힘을 길러주는 것입니다. 혀를 앞니 바로 뒤 잇몸에 가볍게 대고 입을 다물고 침을 삼키는 연습을 하게 합니다. 침을 삼킬 때 혀가 잇몸에서 떨어지면 안 됩니다. 잘 안 될 때는 잇몸 뒤에 껌을 붙여두는 것도 도움이 됩니다.

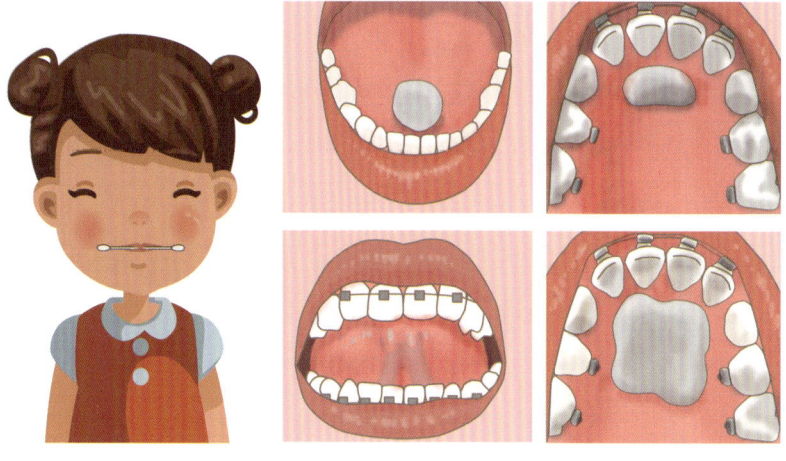

입술 다물기 운동   혀 입천장에 대기 운동

4. 이갈이를 안 하게 할 순 없을까요

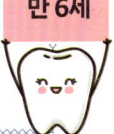
만 6세

Q "아이가 몇 달 전부터 이갈이를 하는데 점점 더 심해지는 것 같습니다. 가끔 밤에 이가는 소리를 듣다 보면 저러다 이가 다 부러질 것 같아서 겁이 납니다."

A 이갈이bruxism는 음식의 섭취 없이 치아를 비기능적으로 갈거나 깨무는 습관을 말합니다. 이갈이는 성인보다는 어린이에게서 더 자주 나타나는 현상입니다. 원인은 명확하게 알려지지는 않았지만 스트레스나 치아 교합 등과도 관련이 있습니다. 성별로는 남자아이보다 여자아이에게서 더 많이 나타납니다. 부모가 이를 갈면 아이도 이를 갈 가능성이 크다고 알려져 있습니다. 아래턱이 유독 작은 무턱이거나 일부 중이염이 잘 생기는 아이는 잘 때 코로 숨을 쉬기가 힘듭니다. 이런 아이에게는 기도를 넓혀 호흡을 편하게 하려는 행동으로 나타나기도 합니다. 드물게 크라운 치료를 하고 난 뒤에 교합이 조금 달라져서 이갈이가 생길 수도 있습니다. 이런 경우는 며칠이 지나면 대부분 사라집니다.

유아기에 이갈이가 없다가 나타나는 경우는 갑자기 동생이 생겼다든가, 이사나 전학 등 환경의 변화가 생겼다든가, 만 6세경 유치 앞니가 빠지고 영구치 어금니가 나오는 시기에 교합이 불안정해질

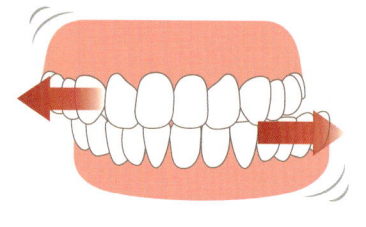
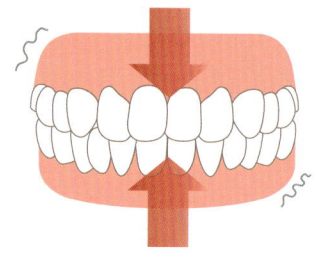

이갈이   이 악물기

때 일시적으로 나타나기도 합니다. 특별한 전신질환이 없는 아이들의 이갈이는 대개 일시적으로 나타나며 시간이 지나면 줄어들다가 자연스럽게 없어집니다.

  이를 갈 때는 자기도 모르게 평소 씹는 힘의 2~10배 이상으로 이를 갑니다. 이갈이가 지속되면 치아가 닳아 표면이 깎이게 돼 치아 속의 신경이 노출되거나 치아가 파절될 위험이 커집니다. 이갈이와 동시에 이를 꽉 무는 clenching 습관을 동반할 수 있습니다. 이럴 때 턱관절 통증이나 두통을 일으킬 수 있습니다.

  이갈이를 완전히 차단할 수 있는 치료 방법은 없습니다. 이갈이의 정도가 너무 심해서 치아가 심하게 손상되면 운동선수들이 쓰는 마우스가드와 유사한 장치를 아이의 입 안에 끼워줄 수 있습니다. 그렇다고 이갈이가 없어지지는 않습니다. 다만 치아가 더 이상 손상되지 않도록 보호하는 목적으로 끼우는 것입니다. 간혹 장치를 낀 후 이갈이할 때 느낌이 달라져서 중단하게 되는 사례가 보고되기는 합니다.

  이갈이의 원인은 명확하지는 않지만 주원인은 스트레스로 추정됩니다. 낯선 환경과 수많은 자극은 아이에게 스트레스로 받아들여져

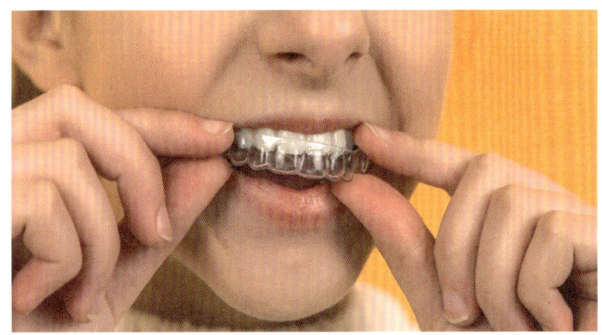

이갈이로 이러한 상황을 극복하거나 해소하려는 무의식적 행위라고 보는 것입니다. 아이가 스트레스를 받지 않도록 잘 살펴보고 야외 활동을 많이 하게 해주면 긴장도를 줄일 수 있습니다. 아이가 자신의 감정에 대해 많이 표현하게 해주는 것도 도움이 됩니다.

이갈이는 대부분 시간이 지나면 줄어듭니다. 그러나 치아 손상이나 턱관절 장애 등 부작용이 있는지 평가할 필요가 있으므로 3~6개월에 한 번씩 검진을 받아보세요.

5. 아랫입술을 자주 무는데 괜찮을까요

Q "생후 18개월부터 아랫입술을 물기 시작하더니 지금까지 계속해 수시로 아랫입술을 물고 있어요. 어떻게 해결할 수 있는지 알고 싶습니다."

A 입술 빨기 습관은 손가락 빨기보다는 빈도가 덜하지만 비교적 흔하게 발견되는 빨기 습관 중 하나입니다. 주로 남자아이보다 여자아이에게서 더 많이 나타나고 하며 다른 습관들보다 눈에 띄지 않고 심각하게 보이지 않아 장기간 방치되곤 합니다.

입술을 빠는 아이들은 주로 아랫입술을 빠는데 입술과 그 아래의 살이 항상 빨갛게 돼 있고 튼 것을 관찰할 수 있습니다. 입술을 빠는 아이들은 대부분 위 앞니가 튀어나온 2급 부정교합이 함께 발생한 경우가 많습니다. 부정교합에 의해 습관이 강화되고 습관 때문에 부정교합이 강화되는 악순환이 반복됩니다.

입술 빨기 역시 정서적 스트레스와 연관성이 있으며 스트레스 정도가 높을수록 더 심하게 오래 빤다고 알려져 있습니다. 간혹 입술 빨기 습관이 손가락 빨기 습관과 동반돼 나타납니다. 손가락 빨기 습관을 먼저 개선하면 입술 빨기 습관은 저절로 좋아지기도 합니다.

치료는 만 6세까지는 지켜보는 것이 좋습니다. 습관이 심하지 않아 입술의 손상이 없고 치아의 변위가 나타나지 않는다면 아이에게 말하지 않고 일단 관찰하세요. 부모의 지적으로 오히려 습관이 심해질 수도 있기 때문입니다. 입술이나 주변이 빨갛게 변하거나 가려움증 또는 습진 등이 생긴다면 감염을 예방하기 위해 연고 등을 발라주는 것이 좋습니다.

아이의 습관이 지속된다면 그때는 부모님이 가볍게 지적하는 것이 좋습니다. 이때도 역시 혼내지 않고 아이가 습관을 인식할 수 있도록 알려줘야 합니다. 예를 들어 계속 입술을 빨면 토끼처럼 앞니가 튀어나올 수 있다는 식으로 알려줄 수 있습니다. 가정에서 노력만으로 개선이 안 되면 그때 치과에 방문하면 됩니다.

심한 부정교합이 동반되지 않았다면 습관 차단 장치만으로도 개선할 수 있습니다. 아랫입술이 말려 들어가지 않도록 아랫입술을 막아주는 립 범퍼lip bumper를 이용하는 것입니다. 이 장치는 물리적으로 입술을 차단하는 효과뿐만 아니라 아이에게 계속해서 습관을 깨닫게 해주는 효과가 있습니다. 위 앞니가 돌출된 심한 2급 부정교합을 같이 발생했을 때는 습관 차단 장치만으로 한계가 있습니다. 이럴 때는 교정 치료를 함께하는 것이 좋습니다.

뺨이나 입술을 씹는 습관은 대개 자해성 반응의 일종으로 보고 있습니다. 정신적 스트레스가 심할 때 나타나 반복적인 상처가 생긴다면 소아정신과에서 검진을 받아보세요.

6. 입을 항상 벌리고 있는데 괜찮을까요

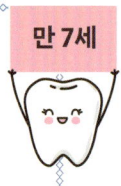
만 7세

Q "어릴 때부터 비염이 있어서 그랬는지 입을 항상 벌리고 있었어요. 입으로 숨을 쉬는 것이 안 좋다고 들었는데요. 어떻게 해야 할까요?"

A 아이가 평소 텔레비전을 볼 때, 공부를 할 때, 무언가에 집중할 때 무의식적으로 입술과 치아를 약간 벌리고 있다면 구호흡을 의심해볼 수 있습니다. 구호흡 환자는 아데노이드 비대, 편도의 비대에 따른 편도염, 비염 등으로 인해 코로 호흡하는 비鼻호흡이 되지 않거나 불편해서 생길 때가 많습니다. 이런 아이들은 입을 다물게 하고 코로만 호흡하게 하면 호흡을 못 하거나 매우 힘들어합니다. 반드시 이비인후과 진료가 선행돼야 합니다.

아데노이드나 편도가 큰 아이는 전신마취를 하고 편도절제술을 할 수도 있습니다. 구호흡은 수술 후에도 자발적으로 개선되지 않을 때가 많습니다. 그 이유는 과거에 형성된 구호흡이 습관화돼 있기 때문입니다. 오랫동안 입술에 힘을 주어 다무는 연습을 하지 않았기 때문에 코로 호흡하는 장애물이 없어져도 입술의 긴장도가 떨어져 있고 입술을 다물려고 하면 힘이 들어가기 때문에 원래 하던 대로 입을 벌리고 다니게 됩니다. 그래서 수술 후에는 입술 훈련을 하게 합니다.

입술 훈련 역시 근기능 요법의 일종입니다. 수시로 입술을 다물어 입술 근육의 힘을 키우는 것으로 면봉이나 나무젓가락 같은 것을 위아래 입술 사이에 물고 매일 30분 이상 버티는 연습을 시킵니다. 잘 때 입이 심하게 벌어질 때는 입술에 스킨 테이프를 붙여 닫게 해 줍니다.

그렇다면 왜 구호흡이 좋지 않을까요? 코는 호흡을 위해 만들어 진 기관입니다. 따라서 콧속의 코털과 콧물은 일종의 공기 청정기 역할을 합니다. 잡균과 먼지를 콧속에 있는 털이 잡아내고 더 이상 안으로 못 들어오게 거릅니다. 이렇게 두 번 걸러지는 공기는 기관지와 폐로 가는 잡균과 먼지를 최소화합니다. 그런데 입에는 그런 기능이 없습니다. 입으로 호흡하면 건조하고 차가운 공기가 그대로 기관지나 폐로 들어가기 때문에 좋지 않습니다.

혹시 아데노이성 얼굴Adenoid face이라고 들어본 적 있는지요? 구호흡과 관련해서 나타나는 독특한 얼굴 형태로 오랫동안 구호흡을 하면 발생하는 증상입니다. 특징은 얼굴이 길고 좁으며 윗입술이 짧고 아래턱이 아래로 떨어져 있습니다. 이런 아이들은 자세도 구부정한 경우가 많습니다. 어떤 연구에서는 집중력에도 차이를 보인다고 합니다. 왜 아데노이드성 얼굴이 나타나게 될까요? 구호흡을 계속하면 입술이 항상 열려 있어 입 안의 가장 큰 근육인 혀가 아래쪽으로 떨어지게 됩니다. 또한 위턱이 혀에 의해 양측으로 확장되면서 자라야 하는데 그러지 못하면서 쪼그라들고 앞니가 튀어나오고 아래턱은 더 아래로 밀리게 되기 때문입니다.

　아데노이드성 얼굴은 부정교합을 일으키거나 더 심화하며 앞니를 나오게 해 치아를 다칠 확률이 높아집니다. 앞니가 항상 침에 적셔져야 하는데 말라 있으므로 충치가 생길 확률도 더 높아집니다. 미국치과학회는 구호흡이 혈중 산소 수치를 낮춰 고혈압이나 심장 기능 저하를 일으킨다고 발표했습니다. 또 잘 때 혀에 힘이 없어 뒤로 처지기 때문에 기도를 막아 코골이나 수면 무호흡 등 수면장애의 원인이 됩니다. 잠을 잘 자지 못하니 키가 안 크고 무기력하며 집중이 잘 안 됩니다. 이처럼 안 좋은 점이 너무 많아 구호흡은 꼭 치료해주는 것이 좋습니다.

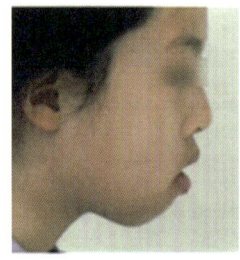 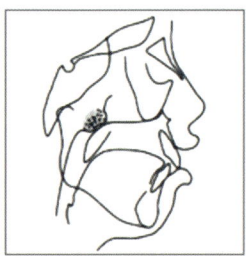 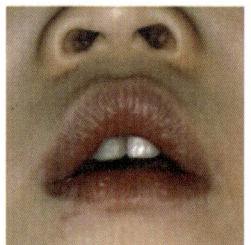

아데노이드성 얼굴(출처: 대한소아치과학회, 「소아청소년 치과학」, 덴탈위즈덤, 2014)

7. 손톱 깨무는 습관을 없앨 수 있을까요

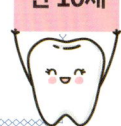
만 10세

Q "아이가 긴장하거나 집중하면 항상 자기도 모르게 손톱을 깨물고 있습니다. 아이도 하고 싶지 않은데 자기도 모르게 입에 손이 간다고 하네요. 어떻게 도와줄 수 있을까요?"

A 손톱 깨물기 습관은 어린아이들보다는 더 나이가 든 만 10~11세 이후의 여자아이들에게서 잘 생기는 편입니다. 항상 그런 것은 아니지만 어릴 때 손가락 빨기 습관이 있었던 아이들의 경우 손톱 깨물기 습관이 생길 확률이 조금 더 높습니다. 손가락 빨기와 마찬가지로 손톱 깨물기의 원인도 매우 다양하고 명확하지 않지만 스트레스가 영향을 주는 것으로 알려져 있습니다. 다른 가족 구성원이 하는 행동을 보고 모방하기도 합니다.

스트레스의 대상은 매우 다양할 수 있습니다. 싫은 학교 숙제를 할 때, 싫어하는 과목의 시험을 볼 때, 부모나 보호자에게서 듣기 싫은 잔소리를 들을 때, 혹은 선생님에게 반복적으로 꾸중을 받을 때 등 다양한 상황에서 생길 수 있습니다.

한 보고에 따르면 청소년의 40퍼센트 정도가 손톱 깨무는 습관이 있는 것으로 나타났습니다. 대부분 10대 후반을 지나면서 손톱을 물어뜯는 정도가 줄어들며 성인으로 갈수록 꾸준히 감소합니다. 드

물게 성인이 돼서도 습관이 남아 계속하기도 합니다. 손톱을 물어뜯는 습관은 대부분 치아나 교합에는 나쁜 영향을 주는 경우가 거의 없습니다. 문제가 된다면 손톱의 손상이나 위생 문제 등이죠. 심한 경우에 손톱 주위에 염증이 생기고 손톱을 만드는 세포를 형성하는 부분까지도 손상될 수 있습니다. 그러면 손톱이 더 이상 자라지 않게 됩니다.

  치료 방법은 딱히 없습니다. 어쨌든 발생 원인 중 큰 부분이 스트레스입니다. 아이가 스트레스 받지 않도록 정서적인 원인을 해결해주고 격려하며 배려하는 게 좋습니다. 습관에 대한 체벌은 오히려 아이를 더 불안하게 해 습관에 더욱 집착하게 할 수 있습니다. 부모님이 꼭 고치게 하겠다고 습관에 집착할수록 아이는 더 습관에 매달릴 수 있습니다. 아이에게 손톱을 물어뜯지 말라고 말하기보다 손톱을 계속 깨물게 되면 어떻게 되는지 설명해주는 것이 좋습니다. 손톱을 자를 수 있을 만큼 기르면 스티커를 모아서 상을 주겠다고 하는 것도 방법입니다. 손을 자꾸 쓰는 활동을 하는 것도 아이의 관심을 분산하는 데 도움이 됩니다. 그림 그리기를 좋아하는 아이라면 미술 활동을 하게 하고 블록 놀이를 좋아하는 아이라면 레고를 하게 하면 손톱 깨물기에 대해 좀 멀어질 수 있겠죠?

　습관을 중단하는 데 가장 중요한 것은 아이가 그 상황을 인식하는 것입니다. 대부분의 아이는 나쁜지도 모르고 자기가 하는지도 모르고 습관으로 하기 때문입니다. 부모님이 아이와 함께 관련 책을 읽으며 알려주고 개선 방향에 관해 이야기를 나누는 게 좋습니다. 김영진 작가님의 '지원이와 병관이' 시리즈 중 『손톱 깨물기』 책을 추천합니다.

[진료실 스케치]

제 아이는 제가 기다리겠습니다

부모님들은 아이가 좋지 않은 습관을 갖고 있으면 고민하게 됩니다. 대표적으로 손가락 빨기가 있고 일명 쪽쪽이라 불리는 고무젖꼭지 빨기, 손톱 깨물기, 혀 내밀기, 입술 빨기 등이 있습니다. 더구나 조부모님이 양육을 맡았을 때 참으로 이런 '꼴'을 못 보죠. 게다가 오지랖의 민족답게 아이가 손을 빨고 돌아다니거나 쪽쪽이를 물고 있으면 여러 사람이 한 소리 합니다.

제 아이도 5세까지 손가락을 빨았습니다. 어찌나 걱정하는 소리를 많이 들었던지 제 이마에 써서 다니고 싶었어요. "제가 치과의사입니다. 제가 알아서 합니다."라고요. 그러면 우리 초보 엄마들은 걱정이 됩니다. 진짜 내가 빨리 습관을 잡아줘야 하는데 '방치'하는 게 아닐까? 외국 애들은 내버려두던데 억지로 끊다가 '트라우마'가 되면 어쩌지? 손가락 빨기는 스트레스 때문이라는데 애가 스트레스를 받는 일이 뭐가 있는 걸까?

6세 형준이(가명) 엄마도 걱정이 많습니다. 형준이는 아직도 잘 때나 생각할 때 손가락을 빱니다. 그래서인지 감기에도 더 자주 걸리는 것 같습니다. 기관 생활도 최대한 늦게 시작하고 엄마와의 애착도 잘 형성된 것 같은데 왜 그러는지 모르겠습니다. 형준이는 눈이 예쁜 남자아이입니다. 낯선 병원, 낯선 선생님이 아직 어려운가 봅니다. 엄마 옷을 붙잡고 얼굴을 반만 보여주면서 저를 관찰하고 있네요. 부끄러움이 많은 아이에게 너무 크게 인사를 하면 긴장할 수 있습니다.

허리를 숙여 형준이에게 눈을 맞춥니다. 그리고 인사를 건넵니다. "형준아, 안녕. 우리 형준이는 이제 몇 살 형아 됐어?" 형준이는 보일 듯 말 듯 손가락 여섯 개를 보여줍니다. "여섯 살 형아구나. 이제 유치원에서 형님반이겠구나! 형준이 옷에 있는 게 아이언맨이야? 야, 정말 멋진데? 선생님 자세히 좀 보여줄래?" 저를 경계하던 형준이가 '아이언맨'이라는 말에 입꼬리가 씰룩 올라갑니다. 좀 더 앞으로 나와서 옷을 보여줍니다. "이야, 진짜 멋지다! 그럼 우리 아이언맨 입 안 구경도 좀 할까?" 아이는 부끄러워하면서 순순히 치과 의자에 눕습니다.

"와! 역시 여섯 살 형님이라 진짜 잘하는구나."

한껏 형준이의 형님부심을 높여줍니다. 그리고 나서 제 본심을 드러냅니다. "그런데 아이언맨은 손가락을 입에 넣지 않을 것 같은데 어때? 형준아, 형준이 이제 6세 형아니까 손가락 입에 안 넣기로 선생님이랑 약속할 수 있어요?" 형준이는 조금 망설이다가 이내 끄덕끄덕하며 고개로 대답합니다. 석 달 뒤에 온 형준이는 손가락 빨기 습관을 고쳤을까요? 못 고쳤을까요?

제가 소아치과 의사 생활을 한 지도 거의 15년이 돼갑니다. 그동안 초등학교까지 손가락 빨기를 중단하지 못해서 장치를 썼던 아이는 하나도 없었습니다. 대부분의 아이는 만 3세에서 5세 사이에 자발적으로 중단하는 경우가 많았습니다. 물론 교정이 필요한 아이도 있었습니다. 하지만 악습관 하나 때문에 교정을 하게 된 아이는 없었습니다. 다른 부정교합이 동반된 경우였죠.

아이들은 준비가 될 때까지 조금 기다려주면, 그 준비된 기간에 제대로 된 가이드만 주면 무엇이든 해낼 수가 있습니다. 형준이는 3개월 뒤 환한 얼굴로 들어와 자랑스럽게 아이언맨 신발도 보여주고 갔습니다.

손가락 빨기 습관을 중단하게 돼 엄마도 저도 기쁘긴 마찬가지였습니다. 제 아이를 키울 땐 참 안 되지만 역시 아이들에게는 기다림이 최고의 처방입니다

7장

이를 다쳤어요

　어린이의 치아 외상은 주로 넘어지거나 어딘가에 부딪혀서 생깁니다. 아이는 약 12개월인 돌쯤에 잡고 일어서면서 걷기 시작합니다. 이때부터 외상 위험이 증가합니다. 걷기 시작하는 시기인 만 2~4세경까지 외상이 빈번하게 나타납니다. 주로 위 앞니, 입술, 소대, 턱 등에 손상을 입고 남자아이가 여자아이보다 발생 빈도가 2배 정도 높다고 알려져 있습니다.

　영구치의 외상은 만 8~10세경에 자주 일어납니다. 특히 앞니가 튀어나온 부정교합이 있거나 입으로 호흡하면 더 다치기 쉽습니다. 유치와 차이가 있다면 유치열기에는 뼈 조직이 말랑말랑해서 치아가 통째로 빠지거나 흔들리는 '변위'가 많이 생깁니다. 반면에 영구치열기에는 치아의 일부가 깨지거나 부러지는 '파절'이 많이 생깁니다.

치아의 파절

치아 균열 enamel infraction

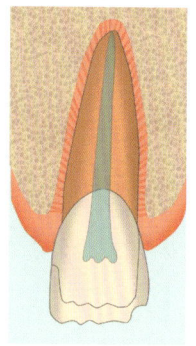

치아 법랑질의 끝이 살짝 깨지거나 울퉁불퉁해지는 것을 말합니다. 대개는 치료할 필요가 없으나 아이가 혀로 댔을 때 날카로운 부분이 있거나 불편해하면 다듬어줄 수 있습니다.

치수 노출 없는 치관 파절 uncomplicated crown fracture

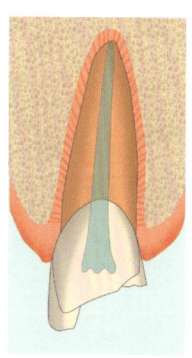

깨진 치아에 증상이나 염증이 없다면 부러진 이를 다시 붙이거나 레진 등의 재료로 본래 치아 형태와 비슷하게 만들어주는 치료를 받으면 됩니다. 하지만 통증 등의 증상이 있거나 염증이 생기면 신경치료를 할 수 있습니다.

치수 노출 치관 파절 complicated crown fracture

치수가 노출돼 있으므로 자극에 매우 민감하며 통증이 심할 수 있습니다. 즉시 치과를 찾아가 적절한 신경치료를 한 뒤에 기능이나 상태를 회복해야 합니다. 바로 처치를 받지 않으면 노출된 치수가 붓는 과증식으로 빨간 혹 같은 것을 만들기도 합니다.

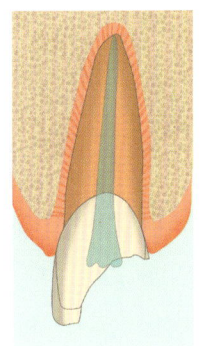

잇몸 아래쪽까지 진행된 치관-치근 파절 crown-root facture

파절선이 잇몸 아래쪽까지 수직으로 생긴 것으로 파절의 정도에 따라 치료 방법이 달라집니다. 대부분 치수까지 노출된 경우가 많아 신경치료가 필요합니다. 신경치료 후 치아 형태로 수복이 가능하면 살려서 사용할 수 있고, 그러지 못할 정도로 심하게 파절됐을 때는 발치할 수도 있습니다.

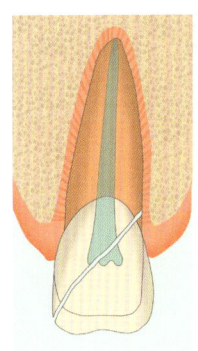

치근 파절 root fracture

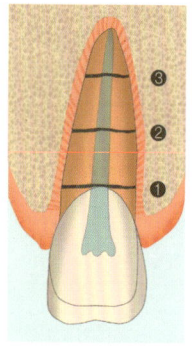

치아의 뿌리가 파절된 것으로 주로 수평으로 발생합니다. 파절선의 깊이에 따라 치아의 수명이 달라질 수 있습니다. ❶ 치관부에 가까운 파절은 치관부의 흔들림이 많고 고정을 해도 결과가 좋지 않아 거의 발치를 해야 합니다. ❷ 치근 중심 부위의 파절은 고정장치로 4주 정도 고정 후 경과를 관찰합니다. 특별한 추가 외상이나 염증이 없는 경우에는 파절 부위가 잘 회복됩니다. ❸ 치근 끝부분의 파절은 가장 결과가 좋습니다. 대개 파절된지도 모를 정도로 흔들림이 없어서 고정이 불필요한 경우도 많습니다. 주기적으로 검진을 받을 필요가 있습니다.

| 치아의 변위 |

진탕Concussion, 아탈구Subluxation

진탕은 치아의 변위나 흔들림을 수반하지 않는 치아를 둘러싼 치주인대에 한정된 경미한 손상을 말합니다. 아탈구는 진탕보다 조금 더 진행된 상태로 변위가 있지는 않지만 약간의 흔들림을 보이는 치주 조직의 손상입니다. 둘 다 특별한 처치는 필요하지 않으며 2주간 사용을 자제하면 회복될 수 있습니다. 아탈구는 드물지만 치아 변색을 동반하기도 합니다.

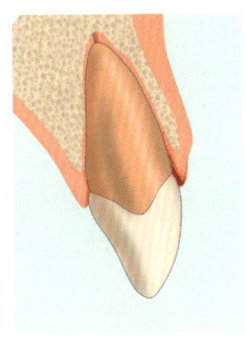

정출Extrusion, 측방 탈구Lateral luxation

치아가 바깥쪽으로 튀어나오거나 옆으로 변위되는 것을 말합니다. 변위가 심하면 종종 치아를 싸고 있는 뼈인 치조골의 일부가 부러지기도 합니다. 이럴 때는 치료 기간도 길어지고 결과도 나쁠 수 있습니다. 위치가 변했기 때문에 외상 후 빠르게 원래의 자리로 돌아가게 하는 게 중요합니다.

영구치는 즉시 치과를 찾아가서 원래의 위치에 자리잡고 움직이지

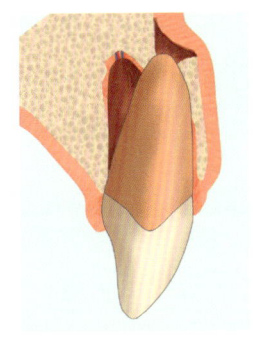

않도록 고정하는 치료를 받아야 합니다. 유치는 원래의 자리로 고정할 때 영구치의 싹, 즉 치배까지 영향을 받는다고 판단되면 발치를 할 수도 있습니다. 신경치료는 할 수도 있고 안 할 수도 있습니다. 경과를 관찰하면서 치아의 변색, 증상, 염증 유무를 종합적으로 판단해 결정하게 됩니다.

함입 Intrusion

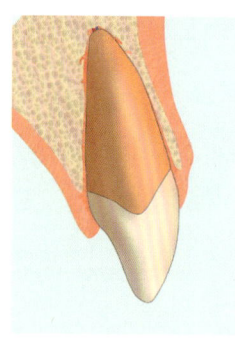

치아가 뼈 안으로 파묻히는 것을 말합니다. 유치는 함입된 방향에 따라 결과가 달라질 수 있습니다. 영구치의 싹이 자라는 쪽으로 치아가 들어갔다면 당장 발치해야 합니다. 자라는 영구치를 손상할 수 있기 때문입니다. 영구치 싹이 있는 방향과 반대 방향으로 치아가 들어갔을 때는 특별한 처치를 하지 않고 기다리면 3~4주 정도 후에 자발적으로 제 위치로 맹출됩니다. 영구치도 함입의 정도가 너무 깊으면 뽑아서 제자리로 심기도 하지만 대부분 제자리로 나올 때까지 기다립니다. 함입은 대부분 치수가 손상되므로 신경치료가 필요합니다.

완전탈구 Avulsion

치아가 완전히 빠져서 구강 밖으로 나온 상태입니다. 따라서 치아에 붙어 있는 치수조직과 치주인대 조직 모두 혈액 공급이 완전히 차단돼 숨을 쉴 수도 없고 영양분을 공급받을 수도 없는 상태입니다. 결국 시간이 지날수록 치아 조직 속에 있는 세포들이 죽어가기 때문에 되도록 빠르게 원래 위치에 다시 심는 것이 중요합니다.

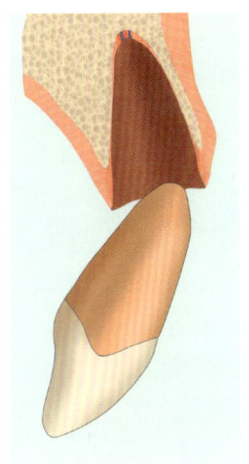

보통 치아가 완전히 탈구된 후 치아의 조직이 마르지 않게 식염수나 우유 등에 보관해 치과를 찾아가 30분 이내에 다시 제자리에 심는 재식을 하면 치아의 생존 가능성이 커집니다. 치아의 생존율은 재식까지 소요되는 시간에 따라 결정됩니다. 유치는 아주 특별한 경우를 제외하고는 재식을 하지 않습니다. 영구치는 대략 2주간 고정하고 치아 뿌리의 발육도와 재식까지 걸린 시간을 고려해 신경치료를 하게 됩니다.

1. 이가 흔들리며 피가 났어요

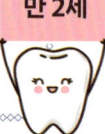

Q "한 달 전에 블록을 앞니로 깨물고서 넘어지는 바람에 피가 좀 나고 약간 흔들렸습니다. 앞니 색깔이 회색으로 변했습니다. 그때 치과에 바로 데려갔어야 했던 걸까요?"

A 유치는 치아 뿌리가 부러지거나 주변에 치아를 지지하는 뼈가 손상되는 등의 문제가 아니라면 특별한 처치가 필요하지 않습니다. 살짝 흔들리는 정도는 충격으로 치아와 뼈를 연결하는 치주인대 조직이 약간 늘어난 것입니다. 대개는 일시적으로 흔들리다가 충격이 계속 가해지지 않으면 시간이 지나면서 괜찮아져요. 유치는 고정하면 오히려 비정상적인 치유를 일으켜 나중에 탈락할 때 문제가 될 수도 있기 때문입니다. 하지만 영구치인데 흔들림이 중등도 이상이라면 주변 치아와 묶어서 고정장치로 안정되게 해줄 필요가 있습니다.

  치아를 다친 후에 한 달 또는 심지어 몇 달 있다가 치아 색이 회색으로 변하는 변색이 나타날 때가 많습니다. 영구치보다는 유치에서 변색이 좀 더 흔하게 나타나는 편입니다. 저는 치아가 멍든다는 표현을 사용해서 설명하는데요. 치아의 치수 조직 안에 있는 일부 세포가 손상돼 멍이 드는 것처럼 치아 색깔이 변하는 것입니다. 다른 특별한 증상이나 염증이 없다면 치아 색이 변한 것만으로 신경치료를 하지는 않습니다.

아이들은 잘 다치기도 하지만 회복도 잘돼서 시간이 지나면 저절로 변색이 나아지기도 하고 치아가 변색된 채로 있다가 특별히 문제를 일으키지 않고 자연 탈락되기도 합니다. 간혹 치아 색이 옅은 노란색으로 변하는 경우는 치수가 석회화 과정으로 폐쇄되면서 색이 변하는 것입니다. 충격을 받은 치수 조직의 세포가 자신을 보호하기 위해 상아질을 계속 만들어 점점 치수관을 닫는 정상적인 치유 과정으로 보고 있습니다. 치수가 석회화된 유치는 정상적으로 탈락하므로 크게 걱정하지 않아도 됩니다.

외상을 입은 후 가장 주의해야 할 점은 같은 부위에 반복해서 충격이 가해지는 것입니다. 즉 반복된 충격으로 발생하는 외상이 가장 좋지 않습니다. 같은 부위에 반복해서 충격이 가해지면 다시 흔들리거나 심하면 염증이 생길 수도 있습니다. 다친 후 2~3개월 정도는 앞니 사용을 안 하는 것이 좋고 충격이 가해지지 않게 주의해야 합니다. 아이가 치아를 다치면 당장은 특별히 이상이 없어 보여도 나중에 염증이 생길 수 있습니다. 또 유치가 빠지고 영구치가 나올 때 이상이 생길 수도 있으므로 반드시 정기검진을 받으세요.

2. 입술과 치아 사이 끈이 찢어졌어요

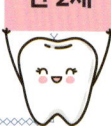

Q "아이가 뛰어가다가 넘어져서 피가 났습니다. 피가 멈춘 뒤 봤더니 입술과 치아 사이의 끈이 찢어진 것 같아요. 응급실에 가서 꿰매야 할까요?"

A 아이들의 입술에서 잇몸 쪽까지 연결된 상순소대labial frenum는 약한 충격으로도 쉽게 찢어지는 조직입니다. 또 혈류량이 많아 조금만 찢어져도 피가 매우 많이 나는 곳입니다. 하지만 상순소대는 아이들이 나이가 들수록 저절로 위축돼 짧아지는 조직입니다. 또 어떨 때는 일부러 잘라주기도 하는 조직입니다. 상순소대가 찢어졌다고 해서 특별히 치료할 필요는 없습니다.

소대만 찢어지고 치아는 이상이 없다면 지혈해주고 그 부분에 음식물이 끼지 않도록 관리해주면 대부분 2주일쯤에 아물어서 특별히 문제가 없습니다. 입 안 상처는 흉터도 잘 남지 않는 편입니다. 하지만 피부와 입술의 경계선이 심하게 찢어졌다면 응급처치가 필요할 수도 있습니다. 그때는 응급실로 내원하세요.

아이들은 치아뿐만 아니라 입 주변 조직이 다칠 수도 있습니다. 피부가 긁혀서 발생하는 찰과상, 멍이라고 부르는 피하 조직의 출혈로서 부딪혀서 발생하는 좌상, 조직이 찢어지거나 벌어지며 발생하는

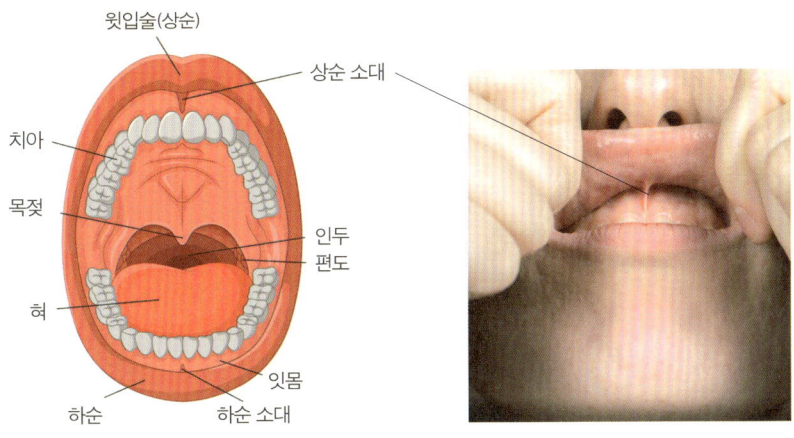

열상 등입니다. 찰과상, 좌상, 깊거나 넓지 않은 열상은 특별한 처치가 필요하지는 않습니다. 하지만 깊거나 넓은 부위의 열상은 봉합 등의 처치를 하거나 다른 부분에도 손상이 있는지 검사를 받는 것이 좋으므로 응급실로 가야 합니다.

혀 또한 손상되기 쉬운 부분입니다. 치아로 혀를 물고 있거나 혀를 내민 상태에서 턱이 부딪혔다면 찢어질 수 있고 심하면 봉합해야 합니다. 혀는 혈관이 많은 조직이라 조금만 다쳐도 출혈이 많을 수 있고 움직임으로 봉합이 어려울 수 있으므로 진정치료가 필요할 수도 있습니다.

드물게 연구개나 입 안과 식도 사이의 소화기관으로 음식물이 지나가는 통로인 인두가 손상되기도 합니다. 주로 입에 칫솔이나 숟가락 등을 물고 넘어지거나 입에 물건을 집어넣다 다칠 때가 대부분입니다. 치료도 어렵고 위험하므로 다치지 않도록 예방하는 것이 최우선입니다.

3. 앞니가 잇몸으로 들어갔어요

만 3세

Q "어제 킥보드를 타다가 넘어졌는데 앞니 하나가 잇몸 안으로 쑥 들어가 버렸습니다. 치아가 반 정도밖에 안 보이는 것 같습니다. 어떻게 해주어야 할까요?"

A 유치는 치아를 지탱하는 주변 조직이 말랑해서 치아가 부러지는 외상보다는 치아가 들어가는 함입이나 치아가 튀어나오는 정출과 같이 자기 위치나 정상적인 위치에서 치아가 휘는 변위와 같은 외상이 많은 편입니다. 특히 함입은 만 3, 4세까지 매우 흔하게 나타납니다.

일단 치아가 어느 방향으로 들어갔는지 방사선 사진을 찍어 확인하는 것이 중요합니다. 유치 밑에는 영구치의 싹이 자라고 있습니다. 따라서 유치가 영구치를 손상하는 방향으로 들어갔다면 그때는 영구치가 더 중요하므로 유치를 발치해야 할 수 있습니다. 하지만 유치가 들어간 방향이 영구치와 상관이 없는 방향이면 특별히 원래의 위치로 되돌리지 않고 기다리면 됩니다. 대부분 유치가 함입되고 3~4주가 지나면 원래 제 위치로 돌아옵니다. 그리고 특별한 문제 없이 영구치로 교환하는 시기에 자연 탈락됩니다. 하지만 간혹 염증이 생긴다든가 유치가 자연 탈락이 안 된다든가 할 때는 신경치료나 발치를 해야 할 수 있으므로 반드시 정기검진을 받아야 합니다.

뿌리가 다 자라지 않은 미성숙 영구치는 재맹출을 할 수 있으므로 기다립니다. 하지만 함입이 심하거나 뿌리가 다 자란 성숙 영구치는 스스로 나오지 않을 가능성이 커서 교정력 등을 이용해 원래의 위치로 돌리는 것이 일반적인 치료 방법입니다. 함입된 영구치는 신경치료를 해야 할 확률이 매우 높습니다.

반대로 치아가 튀어나오는 정출은 교합에 문제가 될 때가 많습니다. 따라서 치아를 원래 자리로 되돌리는 것이 좋습니다. 이 역시도 영구치 싹을 손상하는 방향이거나 치아가 너무 많이 움직여서 원래 위치로 돌리는 게 되지 않을 때는 발치를 해야 할 수 있습니다.

아이들은 유치의 뿌리 안쪽으로 영구치의 싹이 인접해서 자라고 있습니다. 유치가 외상으로 인해 변위가 생긴 경우에는 계승 영구치에 영향을 미칠 수 있으므로 주의를 기울여야 합니다. 유치의 외상으로 계승 영구치에서 나타날 수 있는 장애는 다음과 같습니다.

영구치 싹의 위치 이상

영구치의 맹출 이상으로 이어질 수 있으므로 주의가 필요합니다.

영구치의 법랑질 저형성증

영구치의 법랑질을 만드는 법랑모세포가 손상돼 영구치 법랑질의 결함이 나타날 수 있습니다. 유치의 외상이나 국소적 염증으로 인해 영구치가 부분적으로 약하게 나오는 법랑질 저형성증 치아를 터너치아Turner's tooth라고 합니다.

치근만곡 dilaceration

영구치의 발육 부분이 뒤틀어지거나 구부러져서 휘어지는 것을 말합니다. 치근만곡이 생기면 대개 영구치가 잘 나오지 못하고 매복될 때가 많습니다.

영구치 싹의 발육 정지, 매복, 물주머니 형성

자라고 있는 영구치의 싹이 더 이상 자라지 못하거나 맹출하지 못하거나 물주머니를 만들 가능성이 있습니다. 이러한 장애는 조기에 발견해 조처하는 것이 무엇보다 중요합니다. 외상을 입은 치아는 반드시 정기검진을 받으세요.

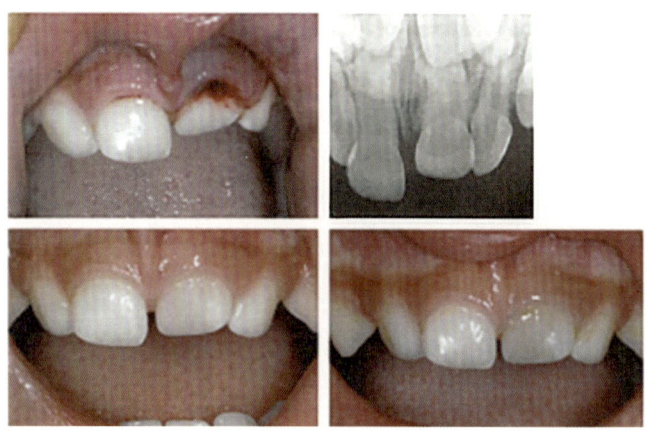

치아가 들어간 후 시간이 지나서 저절로 다시 나온 모습

4. 유치가 통째로 빠졌어요

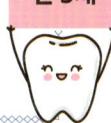
만 3세

Q "아이가 탁자 모서리에 부딪혀 치아가 빠졌습니다. 15분 내 치아를 가지고 치과로 갔더니 아이용 틀니를 해주는 것을 권유하더라고요. 정말 빠진 유치는 다시 심을 수 없는 건가요?"

A 유치도 간혹 통째로 빠질 때가 있는데 대부분 원래 위치로 심지 않습니다. 그 이유는 유치를 다시 심는 과정에서 영구치 싹을 건드려서 손상할 가능성이 높고 유치를 살린다는 보장도 없기 때문입니다. 그래서 유치는 대개 빠진 채로 그냥 두는 편입니다. 유치가 빠진 자리는 기능적으로는 꼭 유지장치가 필요하지는 않습니다. 유치 송곳니가 나온 뒤 앞니가 빠지게 되면 공간 상실이 잘 일어나지 않기 때문입니다. 하지만 아이가 심리적으로 스트레스를 받는다거나, 발음의 문제가 있거나, 혀 내밀기 등의 악습관이 생기거나 하면 붙여두는 아이용 틀니 장치를 고려해볼 수 있습니다.

또 외상으로 유치가 빠진 이후에는 영구치가 나올 때까지 정기검진이 꼭 필요합니다. 유치 안쪽 뼈에는 영구치의 싹이 자라고 있는데 그 싹이 충격으로 손상됐으면 영구치가 나오지 않거나 이상한 방향으로 나올 수도 있습니다. 대개 유치가 영구치의 싹 쪽으로 밀려 들어가는 경우와 다친 부위를 여러 번 다쳤다면 영구치의 싹에 큰 영향을 줄 확률이 높은 편입니다.

하지만 영구치가 나오기 전까지는 어떻게 손상됐는지를 정확히 알기 어렵습니다. 따라서 정기검진을 받으면서 영구치가 나오는 시기에 이상이 발견되면 조치를 하는 것이 좋습니다.

5. 영구치가 부러져서 흔들려요

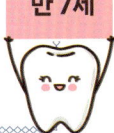
만 7세

Q "아이가 바닥에 넘어져서 새로 나온 영구치 앞니가 부러지고 흔들리며 피가 납니다. 주말인데 지금 빨리 응급실을 가야 할까요?"

A 응급실로 가든 주말 진료 치과로 가든 꼭 병원에서 치료받아야 합니다. 얼마 전에 새로 나온 미성숙 영구치는 아직 뿌리가 완전히 자라지 않았고 치아 주변 조직도 느슨해서 외상으로 손상될 때가 흔합니다.

치아가 어느 정도로 부러졌는지에 따라 치료법이 달라집니다. 일단 치아 안에 들어 있는 신경 조직인 치수가 보이지 않게 살짝 부러졌다면 별다른 응급처치 없이 레진으로 앞니의 외형을 원래 치아 모습과 비슷하게 만들어서 때워주거나 부러진 치아 파편을 치과에 가져가면 붙일 수도 있습니다. 레진으로 치아 모양을 만들 때는 외상을 입은 당일에 하지는 않습니다. 당일에는 임시 치료로 노출된 상아질에 보호 약제를 덮고 최소한 2~4주가 지난 후 레진으로 치아 모양을 만듭니다.

레진으로 만든 치아 모양이나 붙여둔 치아 파절편은 힘이 가해지거나 다치면 떨어질 수 있으므로 주의해서 사용해야 합니다. 한 번 떨어지면 쉽게 떨어지기 때문입니다. 너무 자주 떨어져서 유지할 수 없다고 판단되면 치아 전체를 감싸는 전장관, 즉 크라운을 해야 할 수 있습니다. 다만 아이들은 성장하면서 잇몸 라인이 변하기 때문에 크라운 시기는 치과의사와 상의하는 것이 좋습니다. 그보다 더 살짝 부러졌을 때는 다듬기만 해도 되는 경우가 있습니다.

치아가 부러져서 치수가 노출됐다면 신경치료가 필요할 수 있습니다. 치수가 핀 크기 정도로 아주 조금 노출되고 주변에 특별한 오염이 없다면 부분 신경치료인 치수 절단pulpotomy이나 신경을 보호하는 치수 복조pulp capping와 같이 윗부분만 신경치료를 하고 뿌리 안쪽의 신경은 남겨둘 수도 있습니다. 하지만 뿌리 안쪽까지 염증이 진행됐다면 전체적으로 신경치료를 해야 할 수 있습니다. 정확한 판단을 위해 빠르게 검사를 받아보세요.

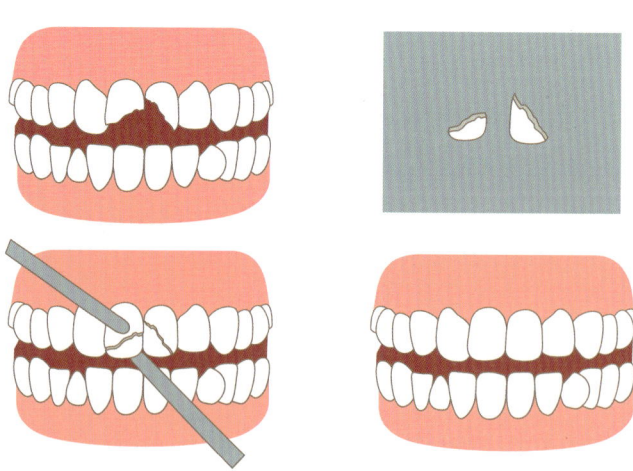

치수 복조 후 치아 파절편을 다시 붙인 경우

6. 영구치가 통째로 빠졌어요

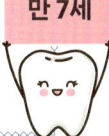
만 7세

Q "아이가 자전거를 타다 넘어졌는데 이가 통째로 빠져버렸어요. 어떻게 해야 할까요? 일단 우유에 담가두기는 했는데 지금 당장 치과를 가야 할까요?"

A 영구치가 통째로 빠진 경우는 되도록 빨리 빠진 치아를 가지고 치과에 찾아가야 합니다. 외상으로 빠진 치아를 살리는 데 가장 중요한 점은 얼마나 빨리 다시 심느냐, 쉽게 말해 치아를 원래 위치로 심느냐에 달려 있기 때문입니다.

이때 반드시 빠진 치아를 가지고 가야 합니다. 빠진 치아는 절대 뿌리 부분을 손으로 건드리지 말고 머리 부분을 잡아서 치아에 더러운 것이 묻었는지 확인합니다. 치아에 흙 같은 것이 묻어 있으면 약하게 흐르는 물에 헹구듯이 씻습니다. 생리 식염수가 집에 있으면 더 좋습니다. 이때 절대 비벼서 닦으면 안 됩니다.

치아는 마른 채로 가져가면 안 되고 생리 식염수나 차가운 우유에 보관해서 가져가야 합니다. 아무것도 없는 상황이면 아이의 입 안쪽 볼과 치아 사이 공간에 넣어도 됩니다. 이때는 아이가 치아를 삼키지 않도록 주의를 줘야 합니다. 이마저도 안 되면 침을 뱉어서 침 안에 치아를 담가도 됩니다. 치아를 마른 상태로 휴지에 둘둘 말아 가져오는 것이 가장 안 좋습니다.

　일반적으로 잘 보관해서 가져온 영구치를 30분 이내에 제 위치에 심을 경우 90퍼센트 이상의 성공률을 보이고 있습니다. 30분에서 90분 사이는 50퍼센트, 90분이 넘어가면 7퍼센트의 성공률을 보인다고 알려져 있습니다. 이렇게 소요 시간에 따른 차이가 큽니다. 30분이 넘지 않게 치아를 제 위치에 넣으면 대부분은 추가로 신경치료를 하지 않아도 되는 등 처치 없이 치아가 정상으로 자리잡고 자랍니다. 원래 위치에 심은 치아는 최소한 1~2주 정도의 고정 기간이 필요하며 항생제를 복용하는 것이 좋습니다.

　시간이 지나서 재식하는 지연 재식은 신경치료를 해야 할 가능성이 크고 흔히 뿌리 쪽으로 흡수가 발생합니다. 특히 치아와 뼈 사이의 치주인대 조직이 손상돼 치아와 뼈가 붙어버리는 대체성 흡수(유착)가 나타날 수 있습니다.

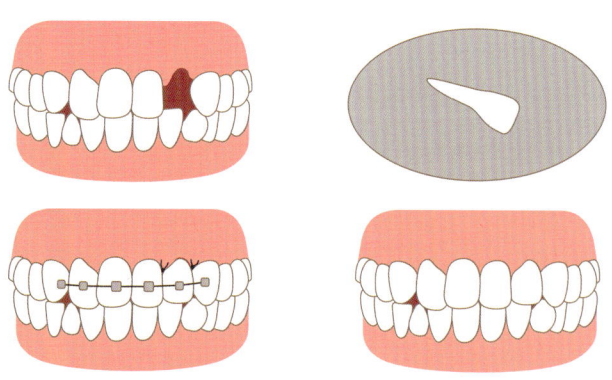

생리 식염수에 담가 가져온 빠진 치아를 재식하고 고정한 모습. 정상적으로 치아가 고정된 것을 알 수 있다.

7. 다친 치아는 어떻게 관리하나요

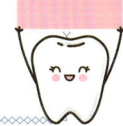

Q "이를 다쳐서 치과에서 응급처치를 받고 집에 왔습니다. 아이는 그쪽 부분을 손도 못 대게 합니다. 집에서 어떻게 관리를 해주어야 할까요? 식사는 해도 괜찮을까요?"

A 손상된 치아의 정도와 상태에 따라 구체적인 주의사항이 달라질 수 있습니다. 일단 다친 치아를 또 안 다치는 것이 가장 중요합니다. 우리가 팔이나 다리가 부러졌을 때 깁스를 하는 이유도 그 부분을 사용하지 않고 안정을 취하게 해 회복을 유도하는 것입니다. 이처럼 치아도 최대한 안정을 취하는 것이 좋습니다. 하지만 입 안이라는 특성 때문에 계속 음식물이 들어갈 수밖에 없으므로 더욱 관리에 주의를 기울여야 합니다.

음식은 2주 정도는 자극성 있는 음식이나 딱딱한 음식 등은 피하고 되도록 다친 부분의 치아를 사용하지 않고 먹을 수 있는 크기와 형태로 준비합니다. 그리고 아이가 아프다고 하고 칫솔질을 할 때 피가 나고 하다 보니 전혀 이를 안 닦아줄 때도 종종 있습니다. 그런데 이를 안 닦으면서 음식물을 섭취하게 되면 다친 부분에 음식물이 잔류해 2차 감염으로 더 고생합니다. 반드시 부드럽게 양치질을 해주고 구강 세정 용액으로 가글을 해주는 것도 추천합니다.

다친 날은 얼굴이나 입술이 부을 수 있습니다. 이때 냉찜질을 해주면 부기를 가라앉히는 데 도움이 됩니다. 하지만 다음 날부터는 하지 않는 것이 좋습니다. 오히려 치유를 방해할 수 있기 때문입니다. 대부분의 구강 외상은 통증이 심하거나 오래가지는 않습니다. 아이가 힘들어하면 아세트아미노펜 또는 이부프로펜을 몸무게에 맞게 적정 용량을 복용하면 됩니다. 대개의 통증과 부기는 외상을 입은 후 2~3일 정도이면 괜찮아집니다. 그 이후에도 지속될 때는 치과를 방문합니다.

또한 불편한 증상이 없어졌다고 더 이상 병원 검진을 받지 않는 경우가 있는데 꼭 정기검진을 받아야 합니다. 치아 외상은 당장은 별다른 이상이 없어 보여도 나중에 신경 조직의 염증이나 치아 뿌리의 병적인 흡수, 영구치의 비정상적인 발육, 맹출이 생길 수 있습니다. 반드시 정해진 날짜에 정기검진을 받아야 나중에 생길 수 있는 합병증을 조금이라도 일찍 발견하고 예방할 수 있습니다.

돌출된 앞니와 같이 치아 외상을 받기 쉬운 교합이거나 운동을 하는 아이라면 외상을 예방하기 위해 마우스가드를 장착하는 것이 좋습니다. 여러 보고를 보면 운동 경기에 관계된 외상이 전체 외상의 20~40퍼센트를 차지하고 있습니다. 스포츠 치의학은 스포츠와 관련된 얼굴과 치아 부위의 외상성 손상의 예방, 진단, 치료를 다룹니다. 또 운동 효과의 극대화 등을 다루는 치의학의 한 분야입니다. 최근 들어 스포츠 활동 인구가 크게 늘어나면서 그 중요성이 더 강조되고 있습니다.

아이스하키나 미식축구 같은 접촉이 심한 운동을 할 때는 헬멧 외에도 마우스가드 착용을 적극적으로 권장합니다. 야구, 농구, 축구와 같은 비접촉성 운동을 할 때도 착용하는 것이 좋습니다. 마우스가드를 착용하지 않았을 때 외상을 입을 확률이 60배나 높습니다.

마우스가드는 크게 스포츠용품점에서 구입할 수 있는 기성 제품인 스톡 마우스가드stock mouthguard, 변형 가능한 기성형 마우스가드boil-and-bite mouthguard, 치과에서 제작하는 맞춤형 마우스가드custom-made mouthguard가 있습니다. 스톡 마우스가드는 사이즈가 소, 중, 대 세 가지로 나오고 가격이 저렴하고 쉽게 살 수 있지만 보호력이 약하고 부피가 커서 불편하다는 단점이 있습니다. 변형 가능한 기성형 마우스가드 역시 스포츠용품점에서 쉽게 살 수 있으며 뜨거운 물에 넣으면 말랑말랑해져서 개인의 입 안에 넣어 각각의 치아 모양에 맞게 굳혀 사용합니다. 스톡 마우스가드보다 보호력은 좋지만 사용자들이 입 안에서 모양을 맞추기가 어렵다는 단점이 있습니다. 가장 좋은 마우스가드는 치과에서 제작하는 맞춤형 마우스가드이지만 가격이 비싸고 제작까지 시간이 오래 걸린다는 단점이 있습니다.

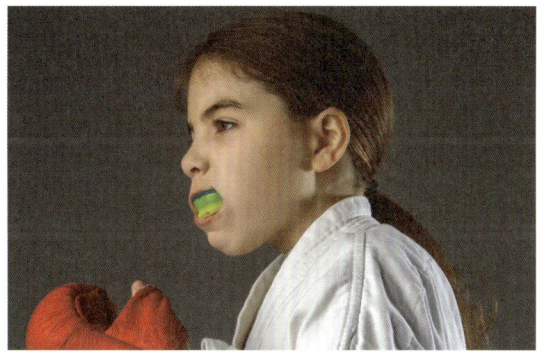

[진료실 스케치]

아이가 다쳤는데 제가 너무 놀랐어요

보호자들은 아이가 다치면 몹시 당황스러워합니다. 특히 이제 걷기 시작해서 행동반경은 넓어지는데 중심을 잘 못 잡는 만 2세 전후 아이들의 외상이 많습니다. 잠깐 안 보는 사이에 여러 사고를 일으키지요. 더구나 아이들 입 안은 혈관이 많아서 조금만 상처가 나도 피가 상당히 많이 납니다. 물론 그래서 더 잘 아물기도 합니다. 아이는 울고 피는 펑펑 나고 게다가 희한하게도 아이들은 꼭 병원이 끝난 시간이나 주말에 다칩니다. 부모님들은 늘 아이를 데리고 응급실로 뛰어가야 할지 어떻게 해야 할지 고민을 합니다.

일단 아이가 다치면 아이의 전반적인 상태를 평가하는 것이 좋습니다. 아이가 의식이 명확하지 않다거나 숨쉬기를 어려워한다거나 구토를 하는 등 전신 상태에 변화를 보이면 바로 구급차를 불러 응급실로 내원해야 합니다. 하지만 아이가 그 정도의 전반적인 상태를 보이는 것이 아니라면 일단 아이를 진정시키고 어디를 얼마나 다쳤는지 확인하는 것이 중요합니다. 먼저 치과 외상은 종종 주위 입술, 뺨, 잇몸, 혀 등의 연조직이 손상되고 그 부분의 상처로 피가 나는 경우가 많습니다. 흙이나 오염물이 묻었을 때는 흐르는 물에 상처를 가볍게 닦아주거나 깨끗한 거즈 수건 등으로 닦아줍니다.

그 후 상처가 나서 피가 나는 부위가 보이면 거즈나 솜으로 10분에서 20분 정도 손상된 부위를 꾹 눌러서 지혈해주세요. 그래도 출혈이 멈추지 않으면 15분 정도 더 압박 지혈을 해주고 그래도 지혈이 되지 않으면 응급실이나 치과를 찾아가세요. 피가 어느 정도 멈추면 치아 상태를 살펴보세요. 치아가 흔들리는지 또는 부러지거나 빠진 것인지 확인을 합니다. 영구치가 빠졌으면 물이나 우유에 잘 보관해 빠르게 치과를 찾아가야 합니다.

하지만 유치는 대부분 다시 심지 않으므로 꼭 치과를 찾지 않아도 됩니다. 피가 멈추고 치아도 약간의 흔들림 외에 특별한 문제 없이 아이가 잘 먹고 잘 논다면 당장 급하게 응급실에 가지 않아도 됩니다. 하지만 치과에 가서 치아 안쪽이나 주위 조직의 손상이 생기지는 않았는지 검사를 받아보세요.

8장

치아 수술을 해야 해요

　소아치과에서 수술을 할 때가 많습니다. 어린이를 대상으로 하는 수술은 어린이가 육체적, 정신적으로 성장하는 과정에 있다는 사실을 염두에 두어야 합니다. 또한 어린이의 치아, 주변의 뼈, 근육의 해부학적 구조는 성인과 매우 다르고 크기가 작으므로 더욱 섬세한 수술적 접근이 필요합니다. 수술은 아이의 협조도와 수술의 난이도에 따라 외래 진료실에서 국소마취로 진행할 수도 있고 수술장에서 전신마취로 진행할 수도 있습니다.

1. 아이 혀가 짧은데 수술해야 하나요

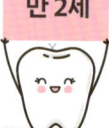
만 2세

Q "아이 혀 밑을 들추어보았더니 옆집 아이처럼 혀 밑에 있는 끈이 혀끝까지 연결돼 있네요. 수술은 언제쯤 하는 것이 좋을까요?"

A 혀 밑의 끈 부분이 연결된 것을 설소대lingual frenum라고 합니다. 짧은 설소대를 가진 아이는 대략 아이들 중에서 1~5퍼센트에 해당합니다. 이 아이들이 모두 수술을 해야 하는 것은 아닙니다. 그중 10퍼센트 정도가 수술을 해야 합니다. 혀를 쭉 내밀었을 때 혀가 V자 형태로 나오지 않고 W자 형태로 나오면 설소대가 짧다고 의심할 수 있습니다.

설소대 수술은 아기가 태어난 직후 깊고 강하게 부착된 설소대로 인해 혀의 움직임이 제한돼 수유를 할 수 없을 때 합니다. 아이가 모유를 먹을 때 혀가 아직 치아가 나지 않은 아랫잇몸 위에서 유두 아래를 받치게 됩니다. 그런데 설소대가 짧으면 혀가 이동하지 못하고 유두가 바로 위아래 잇몸 사이에 위치하

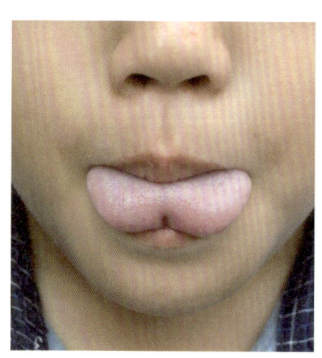

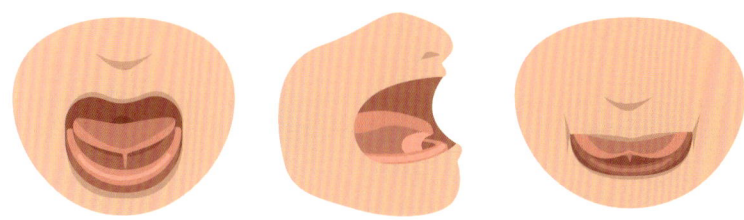

게 됩니다. 이때 아이의 무는 힘 때문에 어머니는 통증을 느끼게 됩니다. 아이도 혀가 마음대로 움직이지 않으면 젖을 빨기 힘들어서 모유를 섭취하는 양이 줄어들고 맙니다. 어머니와 아이가 모두 힘들어집니다. 이럴 때는 설소대 수술을 고려해볼 수 있습니다. 신생아의 혈류 체계는 완성이 안 돼 있으므로 특별한 마취 없이 설소대 부위를 살짝 잘라주는 것만으로도 길게 하는 데 효과가 있습니다.

수술을 고려해야 하는 시기는 만 4~5세쯤입니다. 언어가 발달하고 발음이 굳어지는 시기인데 혀가 짧아 발음에 문제가 있으면 설소대 수술을 고려해볼 수 있습니다. 꼭 전신마취로 해야 하는 것은 아니고 아이가 협조를 잘한다면 국소마취로 외래에서 진행할 수 있습니다. 요즘에는 진정요법으로 아이를 잠들게 한 뒤 수술을 많이 진행합니다.

설소대 수술을 한다고 발음이 무조건 좋아지는 것은 아닙니다. 수술 이후에 지속적으로 혀가 움직일 수 있도록 혀 운동을 해야 합니다. 발음 문제가 심각하면 발음 교정기관의 도움을 받아야 할 수도 있습니다.

2. 과잉치가 생겼는데 어떻게 해야 하나요

만 6세

Q "동네 치과에 갔다가 과잉치가 있다는 이야기를 들었습니다. 대학병원에서 전신마취를 하고 뽑아야 한다고 하는데요. 왜 생기는 것일까요?"

A 과잉치supernumerary tooth는 말 그대로 없어도 되는 치아가 '과잉'으로 존재하는 것을 말합니다. 대략 1~3.5퍼센트의 발생빈도를 보이며 남자에게 조금 더 잘 생긴다고 알려져 있습니다. 주로 위턱 앞니 부분에서 발견됩니다. 아주 드물게 작은 어금니 쪽에서 발견되기도 합니다. 과잉치가 만들어지는 원인은 명확하지는 않습니다. 정상적인 치아가 형성될 때 일부 조직이 떨어져 나와 증식된 결과로 알려져 있고 유전적인 경향을 보입니다.

과잉치는 없어도 되는 치아이기 때문에 계속 존재하게 되면 대부분 문제를 일으킵니다. 정상 치아 사이를 벌어지게 하거나, 다른 치아의 정상적인 맹출이나 성장을 방해하거나, 주변 치아의 뿌리를 흡수하기도 합니다. 때로 스스로 물주머니인 낭종을 만들기도 합니다. 그래서 과잉치는 발견되면 원칙적으로 가능한 한 빨리 제거하는 것이 좋습니다. 다만, 아이가 수술을 견디기 어려울 정도로 어리거나 과잉치가 구강 내로 나올 것으로 기대되면 기다려볼 수 있습니다. 단, 이

때는 주기적으로 방사선 사진을 촬영해서 주변 정상 영구치에 나쁜 영향을 주지 않는지 관찰해야 합니다.

과잉치 제거 수술 전에 정확한 위치를 파악하기 위해 엑스레이 촬영을 합니다. 이때는 일반적으로 치과에서 촬영하는 파노라마 또는 치근단 방사선 사진 말고도 3차원적인 입체 상태를 보여주는 CT 촬영을 해 정확한 위치를 파악합니다. 과잉치가 깊지 않거나 아이가 협조를 잘해주면 외래 진료실에서 국소마취로 수술을 진행할 수도 있고 그 반대일 때는 전신마취로 진행해야 합니다. 전신마취를 해야 한다면 큰 병원에 가야 할 수 있습니다.

과잉치는 대부분 입천장의 뼛속에 숨어 있습니다. 이 과잉치를 제거하기 위해서는 잇몸을 절제해야 합니다. 대개 송곳니부터 송곳니 정도까지 절제합니다. 잇몸을 열고 과잉치 주변의 뼈를 깎아 과잉치를 꺼낸 뒤 실밥으로 꿰매 수술을 마칩니다. 대개 출혈이 많고 수술 후에 부을 수 있어서 수술 후에는 스플린트surgical splint라는 장치를 장착해서 수술 부위를 압박하고 지혈하는 데 도움을 주기도 합니다.

수술 당일에는 침이나 피를 뱉지 않고 삼키도록 지도해야 합니다. 입 안에 얼음을 물고 있거나 안면부에 차가운 찜질을 해주면 아프거나 붓는 것을 줄일 수 있습니다. 대개 수술 후 2~3일 정도는 아이가 아파하거나 불편해할 수 있으므로 처방받은 약을 다 먹이고 과격한 운동이나 활동을 자제시켜야 합니다. 일상적인 식사는 수술 후 2~3일부터 가능합니다. 아이들에 따라 당일부터 잘 먹는 아이들도 있으니 자극적이거나 뜨거운 음식만 아니면 편한 대로 먹이면 됩니다.

꿰맨 실은 1주일 후에 다시 치과를 찾아가 제거하고 소독하면서 수술 부위를 확인합니다. 1주일 정도 지나면 밖으로 보이는 잇몸 부위는 거의 다 아물고 과잉치가 있던 자리는 2~3개월에 걸쳐 서서히 뼈가 차오르면서 회복됩니다.

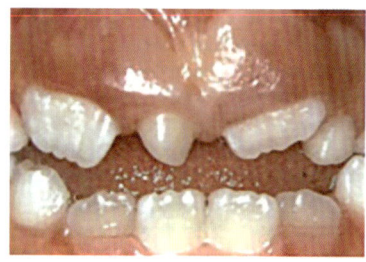 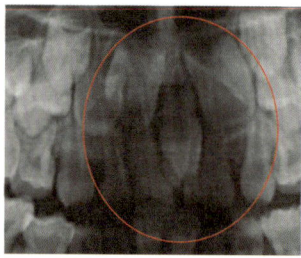
잇몸 위로 나와 치아의 정상 맹출 방향과 같은 방향으로 위치한 정방향 과잉치

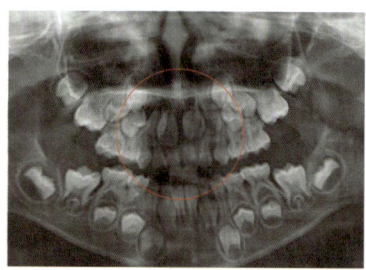
뼈 안에 자리해 치아 맹출 방향과 반대 방향으로 위치한 역방향 과잉치

3. 혀 밑에 푸르스름한 주머니가 있어요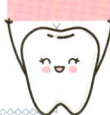

Q "어느 날 이를 닦다 보니 혀 밑에 푸르스름한 주머니 같은 것이 보이기 시작했습니다. 아이는 특별히 아프지는 않다고 합니다. 치과에 가봐야 할까요? 어떤 치료를 받게 되나요?"

A 아이들 혀 밑에 잘 생기는 하마종ranula, 즉 두꺼비종으로 보입니다. 두꺼비가 엎드려 있는 모양으로 생긴 물주머니라고 해서 그렇게 이름이 붙여졌습니다. 하마종은 외부 충격 등으로 우리 혀 밑에 있는 큰 침샘의 관들이 찢어져서 침이 흘러나와 물주머니 형태로 부풀어 오르면서 생기는 것입니다. 하마종은 통증을 일으키지는 않지만 크기가 점점 커지면 혀의 움직임을 방해하거나 발음 문제를 일으킬 수 있습니다.

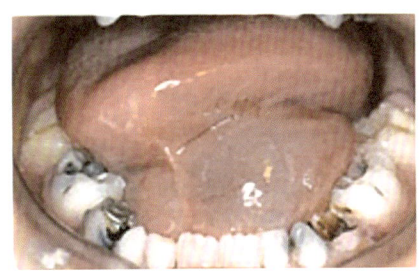

하마종

하마종은 침샘의 관이 찢어져서 생기는 것이라 외과적으로 들어내는 수술을 하면 다시 외상을 가하는 결과가 되고 맙니다. 재발의 위험이 상당히 커집니다. 그래서 최근에는 상처를 최소화하기 위해 부풀어 오른 곳에 구멍을 뚫고 안에 고인 침만 빼내는 조대술^{marsupialization} 형태로 치료하고 있습니다. 자주 재발하면 혀 밑의 침샘을 아예 제거해야 할 수 있습니다.

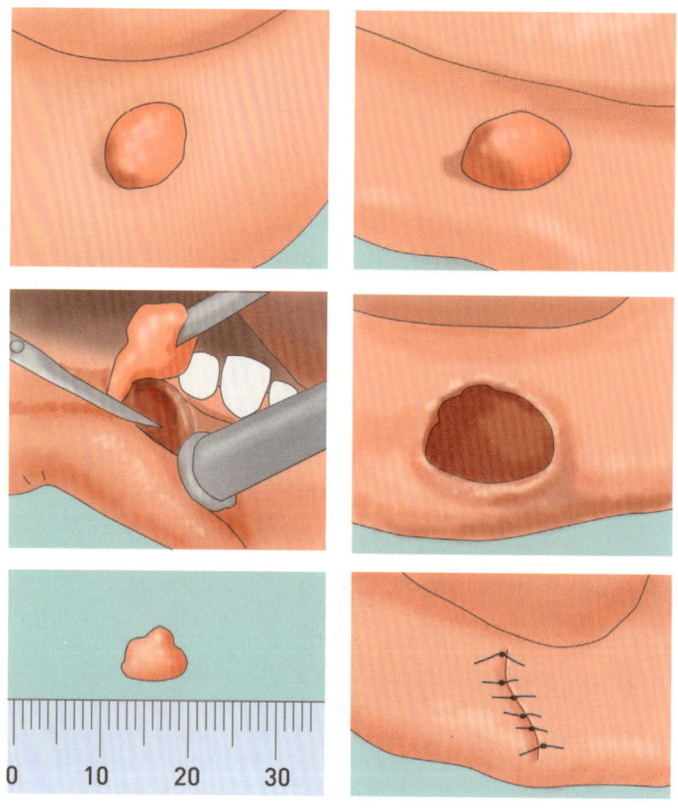

점액종과 제거 수술

비슷한 경우로 아랫입술에 물집처럼 생기는 점액종mucocele이 있습니다. 점액종은 하마종보다 크기가 작고 아랫입술에만 특징적으로 생깁니다. 아랫입술에는 작은 침샘들이 있는데 이 침샘이 찢어지면 침이 차올라서 볼록 튀어 오르게 됩니다.

이 점액종은 원인이 되는 작은 침샘을 같이 제거할 수 있습니다. 그래서 완전히 절제해서 꿰매는 치료를 많이 합니다. 그럼에도 아랫입술에 유독 작은 침샘이 많거나 아랫입술을 깨무는 습관 등을 가질 때 재발이 잦은 편입니다.

4. 어금니가 아프고 얼굴이 붓고 열이 나요

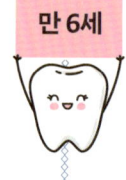
만 6세

Q "아이가 며칠 전부터 어금니 쪽이 아프다고 하더니 어젯밤부터 갑자기 얼굴이 붓더니 열도 좀 나는 듯합니다. 치과를 다시 가야 할까요? 아니면 큰 병원 응급실로 가야 할까요?"

A 치아에 생긴 염증이 단단한 치아는 뚫고 나오지 못해 잇몸과 위아래 턱으로 퍼진 것을 '치성감염'이라고 합니다. 만 6세쯤 영구치 어금니가 나오려고 준비하는 과정에서 그 부분 조직이 헐거워질 때 잘 생기는 편이에요. 우리 입 주변의 근육 사이에는 공간들이 있는데 이런 공간들로 염증이 퍼져 심해지면 봉와직염으로 진행될 수 있습니다. 아이들은 성인과 달리 턱이 치밀하지 못하고 공간이 넓은 편이라 감염이 확산될 우려가 큽니다. 감염이 생겼을 때 전신적인 영향도 성인에 비해 뚜렷하고 심하게 나타나는 경향이 있습니다.

일단 이런 증상이 보이면 가까운 치과든 응급실이든 찾아가세요. 항생제를 복용해 퍼져 있는 염증을 국소화하는 것이 좋습니다. 심할 때는 먹는 항생제만으로 안 되고 주사로 항생제를 고용량 주입해야 할 수도 있습니다. 염증이 고인 부분을 절제해 고름을 짜내야 하며 방사선 검사 등으로 원인이 되는 치아를 찾아서 신경치료나 발치를 해야 할 수도 있습니다. 적절한 시기에 처치를 제대로 하지 못하면 치조농양이 형성돼 영구치의 싹에 영향을 줄 수 있고, 영향을 받은 영구치가 법랑질 저형성증으로 맹출할 수 있습니다. 드물게 골내 감염이 매우 심할 때는 영구치의 싹을 완전히 파괴할 수도 있습니다.

 아이들에게 생기는 대부분의 치성감염은 심하지 않으므로 신경 치료나 발치로 쉽게 치료할 수 있습니다. 그런데 만약 치료하지 않고 턱의 중요한 성장 부위인 턱관절 부위가 감염의 영향을 받게 되면 안면부가 변형될 수도 있습니다. 또한 아이들에게 발생하는 감염은 쉽게 악화되기 때문에 신속히 치료하지 않으면 패혈증, 기도 폐쇄, 종격동염과 같은 심각한 합병증으로 진행될 수도 있습니다.

5. 앞니가 아직도 안 나왔어요

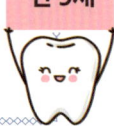
만 9세

Q "앞니가 아직도 나오지 않았습니다. 치과에 가서 엑스레이를 찍었더니 치아가 코 밑에 있어서 저절로 나올 가능성이 없다고 합니다. 아이가 어떤 상황인지 궁금합니다."

A 앞니는 아이마다 편차가 있지만 평균적으로 만 7세 정도면 나옵니다. 그런데 지금 만 9세인데 아직 앞니가 안 나왔고 그 옆의 치아는 나왔다면 매복된 것으로 판단됩니다. 이런 치아를 매복치라고 합니다. 말 그대로 이가 나오지 못하고 뼈에 묻혀 있는 것입니다. 매복이 의심되면 주기적으로 방사선 사진을 찍어 치아의 위치 변화를 살펴보는 것이 좋습니다. 방사선 사진에서 위치 변화가 없다면 매복으로 판단하고 빠른 조치를 해야 합니다. 치아는 뿌리가 완성되면 더는 스스로 나올 능력이 없어지기 때문에 서둘러 치료를 해야 하거든요.

이가 매복되는 데는 원인이 있게 마련입니다. 가령 과잉치나 치아종이 있어서 정상적인 치아가 나오는 것을 방해할 수 있습니다. 또는 시간이 지나면 저절로 빠져야 할 유치가 녹지 못해 장애물이 되기도 합니다. 치아종odontoma은 유치나 영구치의 싹이 생길 때 여러 원인으로 인해 싹의 일부가 떨어져나와 치아와 비슷한 형태를 만든 것입니

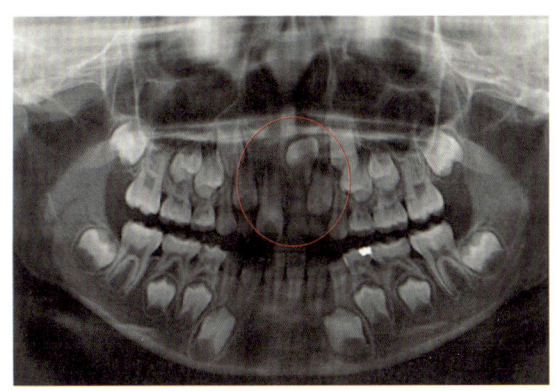

만곡으로 영구치가 매복돼 있다.

다. 과잉치와 다른 점은 정상적인 치아 형태가 아니며 여러 덩어리가 뭉쳐져 있습니다. 치아종은 해당 부위 치아의 맹출을 방해하거나 스스로 물주머니를 만들 수 있으므로 반드시 제거해야 합니다. 제거하고 난 뒤에 재발은 일어나지 않습니다. 치아종이나 과잉치와 같은 장애물을 적절한 시기에 발견해 제거하면 치아가 정상적으로 맹출할 수 있습니다. 만약 스스로 맹출하는 시기를 지나게 되면 치아를 꺼내는 교정 치료를 할 수도 있습니다.

눈에 보이는 특정한 장애물이 없을 때는 만곡 같은 영구치 자체의 발육 문제이거나 영구치가 나올 공간 부족 문제일 수 있습니다. 장애물 제거만으로 치아가 스스로 내려오지 못하면 교정력을 가해 치아를 인위적으로 끌어내리는 작업이 필요합니다. 이 작업을 저는 '도르래'로 설명하는데요. 뼛속에 있는 치아에 낚싯대 추를 하나 달아두고 끌어내리는 것입니다.

뼛속에 자리한 치아에 낚싯대 추를 붙이려면 잇몸을 열고 수술을

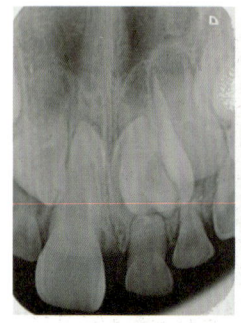 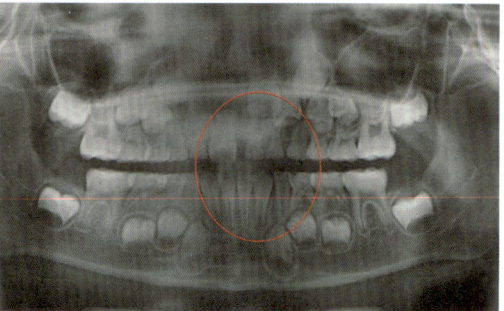

유치를 흡수하지 못해 영구치 앞니가 나오지 못하고 매복돼 있는 모습

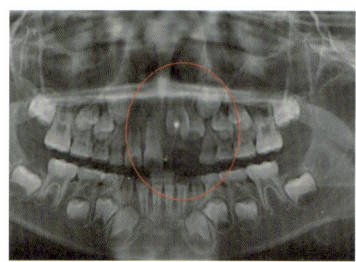 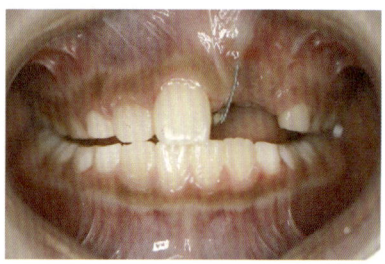

매복된 치아에 낚싯대 추를 붙인 모습

해야 합니다. 이때 아이의 협조 정도나 치아의 깊이에 따라 전신마취가 필요할 수도 있습니다. 이후에 장치를 이용해서 천천히 치아를 끌어내립니다. 일반적으로 치아를 끌어내리는 데 걸리는 시간은 난이도별로 차이가 있긴 하지만 2~3년 정도로 시간이 꽤 걸리는 편입니다.

일단 장치를 끼우고 추를 다는 등 전처치가 끝나면 그 이후에는 한 달에 한 번씩 치아를 당기는 고무줄 등을 교체해서 치아를 서서히 끌어내립니다. 적절한 시기에 진단해서 조치하면 성공 확률이 높은 편입니다. 성공률은 치아와 시기마다 차이가 납니다.

실패하게 되면 해당 매복 치아는 불가피하게 발치를 고려해야 합니다. 그대로 뼛속에 치아를 방치하게 되면 다른 치아의 뿌리를 흡수하거나, 다른 치아를 이동시키거나, 뼈 안에서 매복 치아 주위로 물주머니를 만든다거나, 감염되는 등의 문제가 생길 수 있기 때문입니다. 해당 치아를 발치하고 나면 그 부위 영구치는 공간을 유지해두었다가 성장이 완료된 후 임플란트 등의 보철을 합니다.

6. 턱뼈에 물주머니가 생겼어요

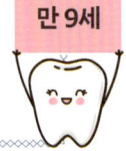
만 9세

Q "검진을 받으려고 파노라마 사진을 찍었습니다. 그런데 턱뼈에 물주머니가 생겼다고 빨리 큰 병원에 가서 수술을 받으라고 하네요. 이 물주머니를 꼭 제거해야 하는 건가요?"

A 간혹 치아가 뼛속에서 만들어지면서 치아 주변의 빈 곳에 액체가 차오르는 경우가 있습니다. 이를 낭종이라고 합니다. 낭종에는 여러 종류가 있습니다. 아이들에게 자주 발견되는 것은 자라는 영구치나 과잉치 주변에 치아를 둘러싼 조직에 액체가 차오르는 발육성 낭종이나 유치의 뿌리 쪽에 염증이 생기는 염증성 낭종입니다.

발육성 낭종은 대개 미맹출 영구치나 과잉치 밑부분에 생기는 치성낭입니다. 염증성 낭종은 원인이 되는 유치를 뽑고 소독하면 대개 자연적으로 없어집니다. 하지만 뼛속에 자라는 발육성 낭종은 자연적으로 없어지지 않으므로 반드시 제거해야 합니다. 제거하지 않고 두면 해당 영구치가 정상적으로 자라지 않는 것은 물론이고 낭종이 점점 커져서 주변 치아를 밀거나 흡수하기도 합니다. 때로 낭종을 불완전하게 제거하거나 제대로 치료하지 못하면 높은 재발률을 보이기도 하고 아주 드물지만 종양으로 전이가 됩니다. 따라서 치료와 이후 결과에 주의를 기울여야 합니다.

낭종의 치료 방법에는 '조대술marsupialization'과 '적출술enucleation'이 있습니다. 낭종의 크기가 크지 않고 주변 치아가 손상되지 않는다면 물주머니에 구멍을 뚫어 빼내는 조대술로 치료할 수 있습니다. 낭종의 크기가 크다면 완전히 긁어내야 하는 적출술로 치료해야 합니다. 낭종에 치아가 포함돼 있으면 낭종을 제거할 때 치아도 같이 발치해야 하는 경우도 있습니다. 대부분 낭종의 외벽은 상피세포층이지만 간혹 종양으로 전이될 가능성이 있습니다. 따라서 적출술 후에는 조직검사를 해서 해당 부위의 병소를 정확하게 파악합니다. 낭종에 의해 밀리거나 낭종에 포함돼 있는 치아는 낭종을 제거한 후에도 정상적으로 나오는지 평가해야 합니다.

낭종 수술을 하려면 정확한 위치 파악과 진단을 위해서 CT 촬영이 필요합니다. 전신마취를 해야 하는 경우가 많으므로 낭종이 있다는 진단을 받았다면 가까운 큰 병원을 찾아가세요. 대개 구강 내 수술은 전신마취를 해야 합니다. 전신마취는 마취과 전문의의 통제로 이루어집니다. 치과 치료를 받는 동안 환자의 의식과 움직임과 통증이 없어지게 됩니다. 그래서 아이들은 마취에서 깰 때 힘들어하지만 그 과정을 전혀 기억하지 못합니다. 전신마취는 어느 정도 위험성이 있으나 적절한 장비를 갖춘 병원에서 숙련된 전문가가 하면 대체로 안전하고 효과가 있습니다. 마취가 이루어지는 동안 마취과 전문의의 지속적인 모니터링을 통해 일어날지도 모를 문제를 예방합니다.

전신마취를 안전하게 하기 위해서는 먼저 아이의 건강 상태에 대한 평가가 필요합니다. 이때 피 검사와 흉부 엑스레이 검사 등을 합니다. 부모님은 아이가 가진 질병과 복용 중인 약에 대해서 반드시 빠짐 없이 알려줘야 합니다. 전신질환이 있는 경우 해당 질환 주치의의 평가가 필요할 수 있습니다. 최근 건강한 아이들은 입원하지 않고 당일에 들어와서 수술하고 퇴원하는 외래 전신마취를 많이 하고 있습니다. 이를 통해 의료비용의 감소, 병원성 기회감염의 확률 감소, 입원 과정에 따른 환자와 보호자의 스트레스 감소 등 여러 가지 긍정적인 면이 보고되고 있습니다. 마취가 끝나면 아이가 안정을 찾고 회복할 때까지 회복실에서 한 시간 정도 지켜보게 됩니다. 아이의 모든 기능이 정상적으로 돌아왔다고 판단되면 퇴원 조치를 합니다. 그리고 수술한 당일은 푹 쉴 수 있게 해주세요.

7. 윗입술과 잇몸 연결 근육이 두꺼워요

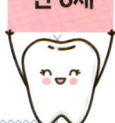
만 6세

Q "아이의 윗입술과 잇몸이 연결된 끈 같은 근육이 너무 두껍고 아래쪽까지 내려와 있어요. 인터넷에서 찾아보니 '소대'라고 하는 것 같은데요. 병원에 가서 잘라주어야 할까요?"

A 윗입술에서 잇몸까지 붙어 있는 근육 조직을 '순소대labial frenum'라고 하고 아랫니 뒤쪽에서 혀 쪽으로 붙어 있는 조직을 '설소대lingual frenum'라고 합니다. 순소대는 일반적으로 어린 나이에는 두꺼운 상태로 아래쪽에 붙어 있다가 시간이 지나면서 치아 맹출과 치조골 성장으로 상대적으로 위로 올라가게 됩니다. 보통 순소대에 대한 평가와 처치는 유치가 빠지고 영구치 위 앞니가 나온 만 6세 이후에 합니다. 이 시기가 지나고 하는 것이 맞습니다.

집에서 간단히 진단해볼 수도 있어요. 아이를 눕힌 후에 윗입술을 당겨보고 소대가 연장된 정도를 평가할 수 있습니다. 만약 윗입술을 위로 쭉 당겼을 때 치아의 안쪽 면인 입천장까지 하얗게 변색되거나 비정상적으로 소대가 넓어 앞니 사이가 4밀리미터 벌어져 있다면 제거 수술이 필요할 수 있습니다.

순소대는 크게 두 가지 형태로 구강 내 문제를 일으킬 수 있습니다. 하나는 강한 소대로 인해 윗입술이 잘 다물어지지 않아 입술 운동에 장애를 주는 경우입니다. 다른 하나는 영구치 앞니 사이에 순소대 때문에 공간이 생기는 경우입니다. 소대가 짧고 단단해서 윗입술의 운동이 제한됐을 때는 비교적 간단하게 소대절제술만으로 해결할 수 있습니다. 만약 입천장 부위까지 연결된 순소대에 의해 송곳니 맹출 후에도 앞니가 벌어져 있다면 외과적으로 소대를 잘라주는 소대절제술을 권유합니다.

송곳니 맹출 후까지 기다리는 이유는 대부분 앞니 사이 틈은 송곳니가 나오면서 닫히는 경우가 많기 때문입니다. 대개 수술 시기와 방법은 송곳니가 맹출한 다음 교정 처치로 틈을 없앤 다음 소대제거술을 받는 것이 좋습니다. 수술을 먼저 하고 교정 치료를 하게 되면 수술로 인한 흉터 조직으로 재발될 수 있어서 교정 치료를 먼저 하는 것이 원칙입니다. 만약 소대의 연장 부위가 입천장까지 가지 않고 넓이도 1~2밀리미터 정도로 좁다면 송곳니가 나오면서 앞니 사이의 틈이 메워질 가능성이 크므로 기다려보는 경우가 많습니다.

소대절제술은 전통적으로 수술용 칼로 절제하고 봉합을 하는 방법과 레이저를 이용해 절제하는 방법이 있습니다. 잇몸과 연결된 소대가 근육 아래 뼈의 막까지 깊게 부착돼 있을 때는 전통적인 방법으로 깊게 절제하는 것이 좋고 소대의 부착이 깊지 않다면 레이저로 절제하고 있습니다. 레이저를 이용한 소대절제술은 통증과 출혈을 줄이고 봉합을 하지 않기 때문에 추후 봉합사를 제거할 필요가 없어서 간단하다는 장점이 있습니다.

[진료실 스케치]

더하기가 아니라 빼기

영우가 얼굴이 퉁퉁 부어서 찾아왔습니다. 엄마는 어젯밤부터 얼굴이 좀 붓기 시작해서 모기에 물렸나 보다 생각했습니다. 그런데 아이가 새벽에 아프다고 울기에 봤더니 눈 밑까지 얼굴이 퉁퉁 부어 있었다고 합니다. 봉와직염입니다. 만 6~7세경 영구치 어금니가 나올 때 치아 사이와 공간이 벌어지기 시작하면서 문제가 될 만한 치아가 있으면 거기서 시작된 염증이 열린 공간으로 급속도로 퍼지면서 생깁니다.

치료법은 증상에 비해 간단합니다. 원인이 되는 치아를 빼주면 됩니다. 영우가 앓는 봉와직염의 원인이 되는 치아는 윗니 작은 어금니였습니다. 뿌리 쪽에 염증이 생겼고 그 염증이 위쪽 공간으로 들어가서 눈 아래까지 퍼져버린 것입니다. 치아를 뽑고 항생제를 맞고 나니 고생이 무색하게도 아이는 금세 멀쩡해졌습니다.

친구가 아이 때문에 고민이 많았습니다. 아이가 집중력이 부족하고 행동이 거칠었습니다. 동생도 자주 괴롭히고 짜증도 많이 냈다고 했습니다. 친구는 아이가 어릴 때부터 일을 해서 제대로 잡아주지 못해서 저런 것 같다면서 휴직을 고민했습니다. 남편은 집중력 장애가 있는 것 같다고 ADHD 약을 먹이자고 했다고 했습니다. 친구는 휴직을 해서 밀착 케어를 더하자고 하고 남편은 약을 더하자고 한 것입니다. 약을 먹이기 전에 소아정신과 검사를 받았다고 했습니다. 아이는 ADHD가 아니었습니다. 개성과 기질이 강한 아이이니 섣불리 지도하면 갈등만 더 심해질 수 있다고 했습니다.

영리한 아이라서 자기가 알아서 사는 방법을 터득할 것이라며 그냥 내버려두라는 처방이었습니다. 휴직은 오히려 엄마와 아이에게 독이 될 수 있다며 그냥 계속 직장 생활을 하는 걸 권유받았다고 했습니다. 친구 부부는 더하기를 고민했는데 아이에게 맞는 처방은 아무것도 하지 않는 빼기가 답이었습니다.

의외로 이런 경우가 참 많습니다. 육아에서도 인생에서도 뭘 더해야 할까 고민을 하는데 정작 무얼 더하는 것이 아니라 빼는 것이 도움이 됩니다. 왜 빼지 못할까요? 왜 더하기만 할까요? 불안하기 때문일 것 같습니다. 왜 불안할까요? 부모도 모르기 때문입니다. 여차하면 극빈층으로 떨어질 수 있는 사회 안전망이 없는 대한민국에서 그나마 아이 키우고 '정상적'이라 여겨지는 형태로 살려면 '공부'밖에 아는 길이 없기 때문입니다. 그래서 몰라서 불안하고 불안하니 자꾸 더합니다. 누가 그런 부모들에게 돌을 던질 수 있을까요?

얼마 전 실종됐다가 싸늘하게 발견된 어느 학생의 기사를 보고 너무 힘들었습니다. 그 아이가 마지막으로 걸었던 동선이 제가 고등학교 때 수도 없이 지나다녔던 길입니다. 마지막 그 길을 그 아이가 어떤 생각으로 걸어갔을까 생각하면 걷다가도 울컥 눈물이 났습니다. 아이들도 공부를 잘하고 싶어 합니다. 치과에서도 아이들은 항상 치료를 잘 받고 싶어 합니다. 옆방의 아이처럼 씩씩하게 치료를 잘 받아서 엄마 아빠도 기쁘게 해드리고 싶고 선생님께 칭찬도 받고 싶습니다. 누구보다도 치료를 잘 받고 싶어 하는 것은 아이들 본인입니다. 그런데 안 되는 것입니다. 하고 싶은데 안 되는 것입니다. 하기 싫어서 안 하는 것이 아니라 못하는 것입니다.

아이들은 어른들이 상상하는 것보다 훨씬 더 일찍부터 그리고 자주 무언 또는 유언의 비교에 노출돼 있습니다. 아이들도 잘하고 싶습니다. 그런데 어렵고 잘 안 될 뿐입니다. 우리 성인도 그렇지 않은가요? 꼭 인생이 노력한 만큼 풀리던가요? 잘하고 싶다고 모든 일을 잘할 수 있게 되던가 말입니다. 아이들의 마음속에는 어떤 꽃씨가 자라고 있을지 모릅니다. 아마도 여러 꽃씨가 자라고 있겠지요. 어떤 꽃씨가 꽃을 피우려면 기다려야 합니다. 너무 자주 물을 주면 오히려 꽃씨들이 피지 못하고 죽습니다. 적당한 관심을 가지고 기다려야 꽃씨가 자신의 속도에 맞게 꽃을 피웁니다. 아이의 마음속에서 어떤 꽃씨가 자라 나올지 모릅니다.

사는 데 정답이 있는 것은 아닙니다. 그런 사회가 돼서도 안 된다고 생각합니다. 어른에게나 아이에게나 실패가 용인되는 '샌드박스'가 있는 사회가 돼야 한다고 생각합니다. 그래서 이렇게 아깝게 우리 아이들을 자꾸 잃어서는 안 됩니다. 그렇지 않아도 살기 힘든 청년들에게 결혼하라느니 애 낳으라느니 오지랖 부리지 말고 낳은 아이들을 잃지 말고 잘 키웠으면 좋겠습니다. 그게 우리 사회가 할 일이 아닐까요?

9장

치아 교정을 해야 해요

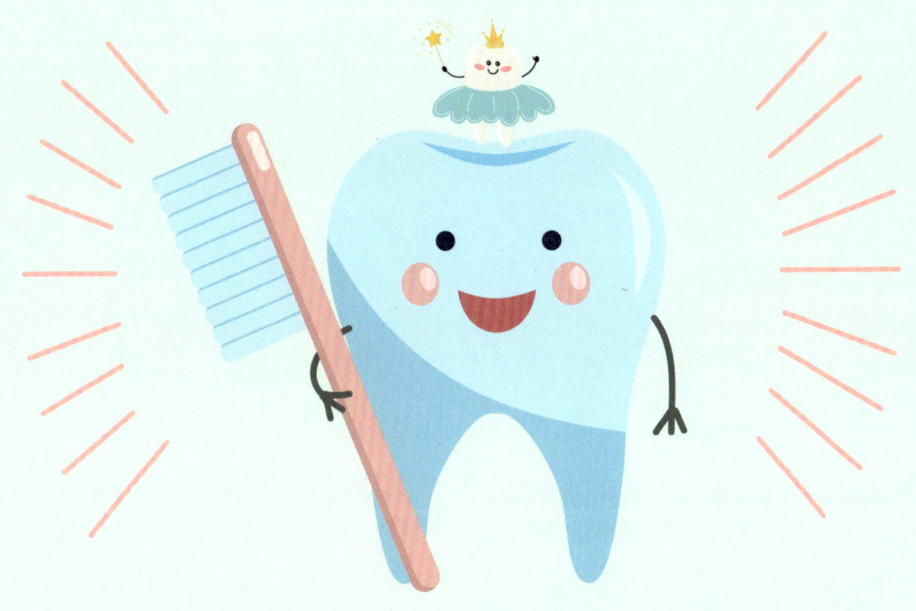

　어린이와 청소년을 위한 교정 치료는 성인의 교정 치료와는 뚜렷한 차이가 있습니다. 성인의 교정은 완성된 영구치열의 부정교합 상태를 기능적, 심미적으로 개선하는 것이 주된 목표입니다. 턱의 성장을 이용한 치료가 불가능하거나 매우 제한적입니다. 그러나 어린이의 교정은 유치열에서 영구치열에 이르는 동안 치열과 턱의 성장 발육을 이용해 부정교합의 발현을 조기에 차단하거나 완화함으로써 그냥 방치했을 때보다 바람직한 영구치열에 이르도록 하는 것을 목표로 합니다.

　따라서 어린이의 교정 치료에서는 부정교합을 질환으로 치료한다는 개념보다는 성장 발육 과정에서 일어나는 문제점들을 적절한 시기에 조절하는 예방 또는 차단의 개념이 더 강하다고 볼 수 있습니다. 그러나 이와 같은 예방과 차단 개념의 교정 치료로 모든 부정교합의 발현을 조기에 제거하거나 또 이상적인 영구치열을 항상 얻을 수 있는 것은 아닙니다.

　조기 교정 치료는 다른 종류의 치과 치료처럼 일회성 또는 몇 번의 치료로 끝나는 것이 아니라 장기간에 걸쳐 지속적으로 이루어져야 합니다. 어린이의 성장과 발육이라는 매우 복잡하고 어려운 문제들이 포함돼 예측이 대단히 어려울 수 있습니다. 간혹 어린이가 성장하면서 어떤 문제점으로 예측됐던 것들이 정상적으로 개선될 때가 있기도 합니다. 하지만 또 반대로 유리하지 않은 발육과 성장으로 부정교합이 더 나빠질 수 있습니다. 또한 아이들의 협조 여부도 조기 교정의 시기와 결과에 많은 영향을 미칠 수 있습니다.

1. 유치 아랫니가 튀어나와 윗니를 덮어요

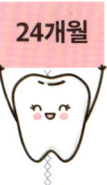
24개월

Q "처음 유치가 날 때 아랫니 두 개가 밖으로 튀어나와서 윗니를 덮었습니다. 다른 이들은 다 제대로 나오는데요. 교정이 가능할까요?"

A 윗니가 아랫니를 2밀리미터 정도 균일하게 덮어주는 것을 이상적인 정상교합이라고 합니다. 따라서 해당 교합은 흔히 '반대교합'으로 말하는 부정교합으로 '예상'할 수 있습니다. 여기서 제가 예상이라고 말하는 이유는 아직 아이가 너무 어리기 때문에 부정교합으로 확진할 수 없기 때문입니다. 아이들은 만 30개월 전후로 해서 유치 어금니가 나옵니다. 이때 교합이 한 번 바뀝니다. 그리고 만 6세쯤 영구치 앞니로 교환되면서 자발적으로 좋아지기도 합니다.

또한 아래턱을 내미는 습관은 이 시기에 흔히 관찰됩니다. 어금니가 아직 나오지 않았기 때문에 아이도 치아의 위치를 잡지 못하고 턱을 앞으로도 내밀고 뒤로도 보내고 하는 것입니다. 어금니가 나온 만 3세 이후에도 지속되기도 합니다. 이 시기 아이들의 턱관절은 유동성이 워낙 크기도 하고 근육이 유연해서 턱이 앞뒤로 왔다갔다할 수 있습니다. 대부분 유치열이 완성되고 턱관절이 안정화되면서 점

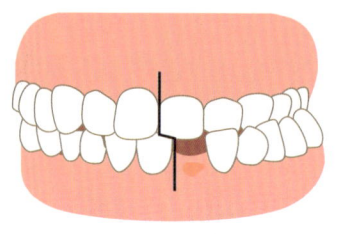 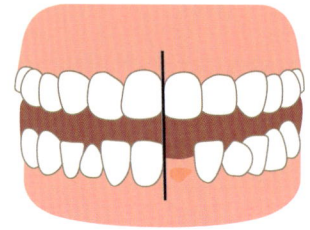

기능성 비대칭

점 없어질 것이므로 크게 걱정하지 않아도 됩니다.

다만 유치 어금니가 나온 뒤에도 아랫니가 윗니를 덮어 계속 부딪치면서 손상된다면 유치열기에도 교정을 고려해볼 수 있습니다. 원래 대부분 부정교합은 유치열기에 교정을 하지 않고 기다렸다가 영구치가 나온 뒤 교정하는 것이 일반적입니다. 하지만 교합이 '외상성'으로 치아를 지속적으로 손상하면 유치열기 교정을 고려해볼 수 있습니다. 또 위의 그림처럼 다물었을 때는 비대칭이 생기지만 입을 벌리거나 턱을 움직였을 때 비대칭이 해소되는 '기능성 비대칭'이면 조기 교정이 필요할 수 있습니다. 기능성 비대칭은 골격적인 문제가 아니라 교합 간섭처럼 어느 치아 부분이 먼저 닿는다든가, 턱의 이동 등으로 인해 2차적으로 생긴 것입니다. 따라서 원인을 찾아 간단히 해결할 수 있고 턱이 비대칭으로 계속해서 자라는 것도 방지할 수 있습니다.

2. 치아 교정은 언제 하면 좋을까요?

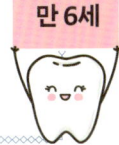
만 6세

Q "아래 치아가 이제 영구치로 나기 시작하는데 심하게 삐뚤빼뚤하게 나오고 있습니다. 일찍 교정을 해주고 싶은데 언제쯤 하면 좋을까요?"

A 제가 진료실에서 정말 많이 받는 질문 중 하나입니다. 교정의 적정 시기는 아이마다 달라서 콕 집어 언제라고 이야기하기는 어렵습니다. 거꾸로 물리는 경우라도 유치열기에 교정을 하기도 하고 나중에 교정을 하기도 하기 때문입니다.

가지런한 치아에 대한 열망은 어제오늘의 일이 아닙니다. 치아 교정의 역사는 수천 년을 거슬러 올라갑니다. 치아에 금속 밴드를 끼운 미라가 이집트에서 발견된 바가 있습니다. 1728년 치의학의 아버지라 불리는 프랑스 치과의사 피에르 포샤르Pierre Fauchard는 치아를 가지런하게 하는 진료 방법에 관한 책을 쓰기도 했습니다. 이는 치과 교정술을 주제로 한 신뢰할 만한 최초의 자료로 여겨지고 있습니다.

치과교정학이 획기적으로 발전한 것은 1900년대 초부터입니다. 현대 교정학의 아버지로 불리는 미국의 에드워드 앵글Edward Angle은 부정교합의 분류표를 최초로 고안해냈습니다. 아직도 이 분류표가 사용되고 있으며 일반적으로 말하는 1, 2, 3급 부정교합이 바로 이 앵글 분류표입니다. 앵글 박사는 그 외에도 최초의 치과교정 대학을 세우고 미국치과교정협회를 조직했습니다. 초창기 치과교정 의사들은 치아교정 장치로 금과 백금을 사용했다고 합니다. 그러다 보니 당시 치아 교정 비용은 지금은 상상할 수 없을 정도로 비쌌다고 합니다.

교정이 보급화되기 시작한 계기는 1950년대 초 대부분의 교정 장치가 스테인리스스틸로 만들어지고 치열교정용 브래킷bracket이 표준화되면서입니다. 하지만 이때까지도 브래킷을 접착할 만한 접착제가 덜 발달돼 치아를 각각 밴드로 감싸서 교정했습니다. 그러다 보니 번거롭고 교정 기간도 길었습니다. 1970년대부터 접착제의 발전이 이루어지면서 교정기를 치아에 직접 부착할 수 있게 됐습니다. 현재는 치아 색깔과 비슷한 세라믹이나 레진 브래킷부터 치아 안쪽으로 교정할 수 있는 설측 교정과 투명한 플라스틱 재질을 이용해서 교정하는 인비절라인 교정장치 등 다양한 장치들이 사용되고 있습니다.

교정 치료의 시기와 방법을 결정하기 위해서는 교정 진단이 필요합니다. 좋은 치료는 정확한 진단에서 나오기 때문입니다. 그러기 위해서는 엑스레이 촬영, 치아 모형 채득, 임상 사진 촬영과 분석 과정이 필요합니다. 이 과정에 협조할 수 있어야 교정 치료를 고려해볼 수 있습니다. 따라서 너무 어린 나이에는 교정 치료를 할 수가 없습니다.

일반적으로 위턱이 아래턱보다 작은 3급 부정교합은 영구치의 앞니가 나오는 초등학교 저학년 시기를 권유하고 위턱이 아래턱보다 큰 2급 부정교합은 사춘기 최대 성장기 전쯤인 초등학교 5학년 이후로 권유하는 편입니다. 이가 삐뚤빼뚤하게 나오는 1급 부정교합도 영구치가 다 나온 6학년 이후를 고려하고 있습니다. 하지만 부정교합의 상황에 따라 유치열기에 드물게 시작해야 하는 아이도 있습니다. 2급 부정교합이어도 심하게 앞니가 튀어나온 경우는 더 일찍 교정을 시작하기도 합니다.

영구치열기가 완성되기 전 혼합치열기에 교정하는 것을 '조기 교정'이라고 합니다. 조기 교정은 치아 하나하나의 배열보다는 턱의 성장을 이용해서 치아가 바르게 날 수 있는 '틀'을 만드는 전처치 과정이라고 생각하면 됩니다. 대개 조기 교정 기간은 평균 1년 전후이고 조기 교정만으로 교정 문제가 해결되기도 하지만 영구치열기로 교환 후 2차 교정이 또다시 필요한 경우가 대부분입니다. 따라서 최근에는 반대교합, 치아 맹출 이상, 심한 덧니 등 교정 문제가 심각한 아이들만 조기 교정을 하는 편입니다. 하지만 아이가 미용적으로나 기능적으로 부정교합에 의해 스트레스와 기능장애를 겪는 상황이라면 조기 교정을 고려해볼 수 있습니다. 이렇듯 치료 시기를 결정할 때는 부정교합의 분류뿐만 아니라 아이의 협조도, 부모님과 아이의 관계, 치아우식 활성도 등을 다 고려해야 합니다.

3. 치아 교정 장치를 껴야 할까요

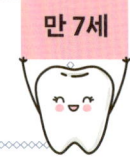
만 7세

Q "새로 나온 영구치 어금니 하나가 조금 덜 나온 것 같아서 치과에 갔습니다. 치과에서는 제대로 나올 수 있게 장치를 껴야 한다고 합니다. 꼭 해주어야 하는 장치일까요?"

A 치아 크기의 합에 비해 턱의 크기가 부족한 경우 영구치 어금니가 앞쪽으로 쓰러져서 나오면서 유치 어금니의 뿌리를 비정상적으로 녹일 때가 있습니다. 이를 이소맹출ectopic eruption이라고 합니다. 아래턱에서는 잘 생기지 않고 주로 위턱 영구치 어금니(상악 제1대구치)가 나올 때 생깁니다. 치아가 정상적으로 나오지 못하고 앞 유치 뿌리를 녹이면서 앞의 유치에 가서 박히는 형태입니다. 위턱 영구치 어금니가 맹출하는 각도가 약간 앞으로 쓰러져 있어서 자주 관찰됩니다. 연구에 따르면 60퍼센트 정도는 영구치의 맹출이 더 진행되면서 자발적으로 괜찮아진다고 합니다. 나머지 40퍼센트는 그대로 두면 유치의 뿌리가 계속 녹아서 빨리 빠지게 되고 영구치는 그 부분이 잘 안 닦여서 충치가 생길 확률이 높아지므로 치료가 필요합니다.

만 7~8세가 되면 이러한 이상이 자발적으로 해소될지 안 될지 판단할 수 있는 시기이므로 해소되지 않으면 교정적 접근이 필요합니

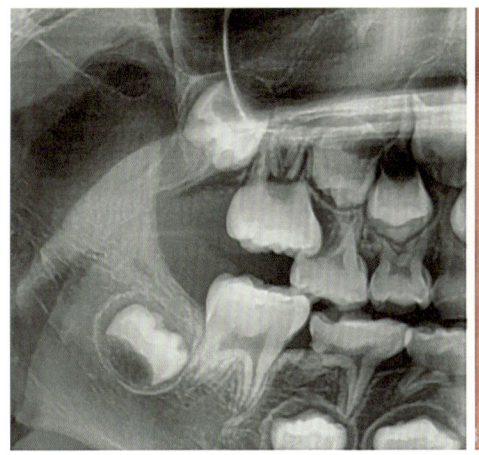
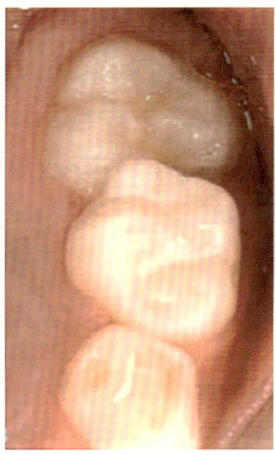

맹출 중인 영구치 어금니가 앞 유치 어금니 쪽으로 기울어져 제대로 못 나오면서 유치 뿌리를 녹이고 있다.

다. 심하게 기울여지지 않았다면 첫 번째로 고려할 수 있는 치료는 치간이개 고무줄seperation ring 을 앞쪽 유치 어금니와 앞으로 기울어진 영구치 어금니 사이에 끼워주는 것입니다. 고무줄을 끼워서 그 사이를 벌려 영구치가 정상적인 방향으로 나올 수 있도록 유도합니다. 다만 너무 앞쪽으로 기울어져 있어서 고무줄이 들어가지 않거나 넣어두어도 해소가 안 된다면 장치가 필요할 수 있습니다.

이때 사용하는 할터만 장치Halterman appliance 는 부분적으로 앞 유치 어금니에 장치를 걸어 영구치에 장치의 버튼을 붙여 뒤로 당겨 정상 위치로 나올 수 있게 하는 원리입니다. 이 장치는 간단하면서 단기간에 영구치의 방향을 제대로 잡을 수 있어서 많이 사용합니다. 하지만 유치의 뿌리가 너무 녹아서 유치가 흔들린다거나 앞 유치를 영구치가 너무 녹여서 통증이 생겼을 때는 유치 어금니를 빼야 할 수도 있습니다.

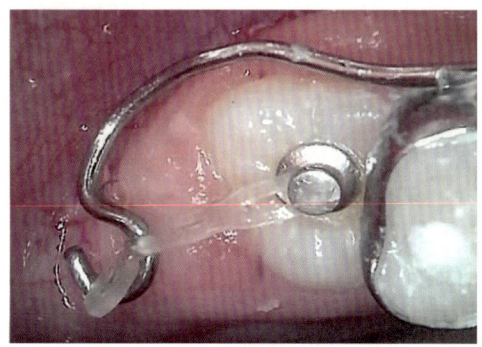

할터만 장치. 영구치의 정상 맹출을 유도하는 부분 교정 장치이다.

　유치 어금니를 발치하고 난 뒤에는 공간 유지장치를 통해 계승 영구치가 나올 때까지 그 공간을 유지하거나 공간이 너무 좁아져 있을 때는 공간 확대장치space regainer를 사용할 수 있습니다. 이는 공간 상실의 정도에 따라 결정하게 됩니다. 공간 유지장치는 1장에서 살펴보았으므로 여기서는 공간 확대장치에 대해 살펴보겠습니다. 새로 나온 영구치 어금니가 앞쪽으로 쓰러지면 공간이 없어지므로 쓰러진 영구치를 정상 각도로 세우기 위해 장치가 쓰이게 됩니다. 꼈다 뺐다 하는 가철성 장치removable appliance를 사용하기도 하고 붙여두는 고정식 장치fixed appliance를 쓰기도 합니다. 대개 한 달에 1밀리미터 정도의 이동이 가능하다고 알려져 있으며 심하게 쓰러진 경우는 구외口外 고정이 필요한 헤드기어 등의 장치를 추가로 사용하기도 합니다.

　하지만 최근에는 이런 공간 확대장치를 부분적으로 사용하지 않는 경향을 보입니다. 영구치가 이소맹출하는 경우는 대개 전반적으로 턱이 좁아 다른 치아도 삐뚤빼뚤하게 나오는 부정교합을 동반합니다. 그 때문에 공간만 유지해두었다가 영구치열이 완성된 후 전반적인 교정 치료를 할 때가 많습니다. 하지만 이 역시 아이들의 상황마다 다를 수 있습니다.

4. 유치가 삐뚤빼뚤한데 빼주는 게 좋을까요

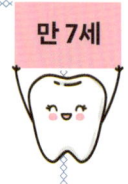
만 7세

Q "이가 나올 자리가 너무 부족해서 치아가 계속 삐뚤게 올라오고 있습니다. 유치를 미리 빼주면 영구치가 자리잡기 좋지 않을까요?"

A 아래 앞니가 삐뚤게 나오는 아이를 둔 부모님들은 유치 송곳니를 미리 뽑아주면 안 되냐고 많이 물어봅니다. 물론 앞니가 삐뚤게 나올 때 유치 송곳니를 미리 뽑아주면 앞니는 예쁘게 배열될 수 있습니다. 하지만 그렇게 하면 영구치 송곳니가 나올 공간이 없어지기 때문에 이런 방법은 추천하지 않습니다.

윗니 송곳니는 영구치 중 가장 늦게 나오면서 가장 큰 치아 중 하나입니다. 다른 치아들이 자리를 다 차지해버린 후 나오기 때문에 공간이 충분하지 않으면 덧니로 나오기도 합니다. 심지어는 아예 못 나오고 매복될 확률이 가장 높은 치아입니다. 유치를 제때 빼주지 않은 것과는 전혀 상관이 없습니다. 오히려 유치가 마지막까지 버텨주었기 때문에 그 정도의 공간이라도 확보할 수 있었던 것이지요.

이런 공간 부족은 턱뼈의 공간이 치아를 다 수용하기 힘들 때 생깁니다. 예전보다 요즘 아이들이 부정교합 비율이 높은 것 같다고 물어보는데 사실입니다. 아이들의 성장 패턴이 서구화되고 부드러운 음식을 많이 먹으면서 턱뼈는 작아지는 데 비해 치아 크기는 여전히 크기 때문에 이런 부조화가 커지는 것입니다. 공간 문제가 있으면 바로 치료하지 않더라도 영구치가 나올 때까지 정기적인 검진을 통해 영구치 맹출 과정을 계속 모니터링하는 것이 필요합니다. 상황에 따라 공간 유지장치, 공간 확장장치, 연속발치술 등이 필요할 수 있습니다.

대개 영구치가 나올 공간을 만들기 위해서 유치를 뽑는 것은 좋지 않습니다. 하지만 아주 심한 총생이 예상돼 발치 교정이 불가피하다고 판단되는 아이들은 순차적으로 유치와 영구치를 발치하는 수술 방식이 있습니다. 이를 연속발치술serial extraction이라고 합니다. 연속발치술은 1929년 스웨덴의 켈그렌Kjellgren이 명명한 임상 술식으로 아주 심한 총생이 있는 혼합치열기 초기의 어린이들을 대상으로 합니다. 정확하고 노련한 진단에 따라 특정 유치(유치 송곳니, 유치 어금니)와 특정 영구치(보통 작은 어금니)를 적절한 시기에 순서에 따라 발치합니다.

이렇게 공간을 확보해 이미 맹출한 영구치는 바람직한 위치로 재배열하고 맹출 중인 치아들은 정상 위치로 나오하도록 유도합니다. 연속발치술은 영구치열이 완성될 때 심한 부정교합이 되는 것을 방지하거나 줄이는 것을 목적으로 합니다. 하지만 골격적인 문제가 없고 치아만 너무 커서 공간이 부족할 때만 한정적으로 사용할 수 있으므로 특수한 교정 방법이라고 생각하면 됩니다.

이렇게 골격적인 문제가 없고 치아가 삐뚤빼뚤한 총생만 있는 부정교합을 앵글 분류법에 따라 1급 부정교합으로 진단합니다. 드물긴 하지만 공간이 많아도 1급 부정교합입니다. 1급 부정교합은 대개 영구치열기가 완성된 후 교정 여부를 결정합니다. 이 시기에 교정을 할지, 성장한 후에 교정을 할지는 전적으로 아이와 보호자의 의견에 달려 있습니다. 덧니라고 일컫는 총생이 있다고 해도 대개 교합에는 문제가 없어서 아이와 보호자가 미용적으로 원할 때 교정을 시작하면 됩니다. 이때는 사춘기가 시작되는 시기와 겹치므로 아이의 의견이 매우 중요합니다. 꼭 성장을 이용해서 교정을 하지 않아도 된다면 저는 보호자와 아이에게 선택권을 줍니다.

사춘기 때 하는 교정의 장점은 아이들의 뼈가 성인보다 말랑하고 유연하기 때문에 조금 덜 불편하다는 것입니다. 치아 이동 속도도 빠른 편이어서 좀 더 빠르고 수월하게 교정치료를 받을 수 있습니다. 반면 아이가 충분한 동기부여가 되지 않은 상태에서 보호자가 교정을 밀어붙이면 협조받기가 어렵습니다. 사춘기가 되면서 안 그래도 양치질을 잘 하는 아이들이 드문데 거기에 교정기까지 끼고 있으니 양치질이 제대로 될 리가 없습니다. 치아 배열은 예쁘게 잘돼도 치아는 상하게 됩니다. 그래서 사춘기 교정 치료의 결정에는 무엇보다도 아이의 의견이 가장 중요합니다.

반대로 성인이 돼서 교정을 하면 어릴 때 하는 것보다 좀 더 아프고 기간도 오래 걸릴 수 있습니다. 하지만 본인 스스로가 원해서 하는 교정이기 때문에 동기 유발이 충분하다는 것이 장점입니다.

5. 위 앞니가 튀어나왔는데 언제 교정할까요

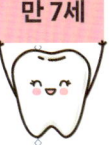
만 7세

Q "지금 위 앞니가 너무 벌어져서 나오고 있어요. 아래턱에 비해 위턱도 좀 튀어나온 것 같습니다. 지금 교정을 해주어야 할까요?"

A 영구치의 위 앞니는 원래 나올 때 벌어져서 나오는 것이 정상입니다. 이 공간은 두 번째 앞니가 나오면서 좀 더 닫히고 송곳니가 나오면서 80퍼센트 이상 자연적으로 닫힙니다. 이처럼 영구치 앞니가 나오는 시기에 일시적으로 공간이 생겼다가 사라지는 시기를 일명 '미운 오리 시기'라고 합니다. 다만 송곳니가 나오고도 영구치 앞니 사이가 벌어져 있을 때는 교정이나 치아 모양을 만들어 공간을 인위적으로 닫아주어야 할 수도 있습니다. 순소대가 너무 두껍고 연장돼 있는 경우에도 앞니 사이가 벌어지는 원인이 됩니다.

위턱이 아래턱에 비해 많이 튀어나와 있는 것을 2급 부정교합이라고 합니다. 2급 부정교합 역시 뼈의 크기나 치아의 각도 차이 때문에 생기거나 손가락 빨기 또는 구호흡 등의 나쁜 습관 등으로 인한 근육 문제로 생길 수 있습니다. 따라서 원인에 따라 치료 방법과 시기가 다르고 습관이 문제일 때는 조금 더 빨리 습관을 교정해주는 것이 좋습니다. 6장 구강 악습관에서 습관 관련 내용을 다루니 다시 참고하면 됩니다.

　뼈의 크기 차이로 생기는 부정교합은 위턱이 과하게 크거나 아래턱이 과하게 작거나 아니면 둘 다일 때 생깁니다. 정확한 교정 진단으로 원인을 파악하는 것이 가장 중요합니다. 위턱이 과도하게 클 때는 위턱을 뒤로 밀어주는 헤드기어와 같은 장치를 쓸 수 있습니다. 아래턱이 작은 것이라면 아래턱의 성장을 유도하는 다양한 형태의 악기능 장치를 쓸 수 있습니다.

　대개 2급 부정교합은 영구치로 교환이 완성된 시기인 5, 6학년쯤 교정을 고려합니다. 그 이유는 위턱과 아래턱 성장 속도의 차이 때문입니다. 대개 위턱의 성장은 빨리 끝나고 아래턱 성장은 사춘기 성장 폭발의 시기와 겹칩니다. 일반적으로 여아의 신장이 최대로 증가하는 시기는 초경이 있기 약 1년 전이며 여아의 평균 초경 연령은 만 12.8세입니다. 반면 남아의 신장이 최대로 증가하는 나이는 평균 13.9세라고 알려져 있습니다. 아래턱의 성장은 이 신장의 성장 패턴을 따르는 경향이 있습니다. 물론 성장 폭발의 시기, 강도, 기간은 개인별로 차이가 크기 때문에 그 정도를 판단하기 위해 수완골 방사선 사진hand-wrist xray을 촬영하기도 합니다. 2급 부정교합은 대개 아래턱의 성장 부족이 함께 나타납니다. 아래턱의 성장이 사춘기 성장 폭발 시기에 일어날 수도 있어서 기다렸다가 교정을 고려하게 됩니다. 간혹 앞니가 너무 튀어나와서 아이가 미용적으로 스트레스를 받거나 외상 위험이 크면 그보다 빨리 교정을 하기도 합니다.

6. 주걱턱인데 꼭 수술해야 하나요

만 8세

Q "앞니 유치가 빠지고 영구치가 나왔는데 이를 물면 아랫니가 윗니를 덮고 있어요. 그리고 턱의 모양도 주걱턱 같습니다. 이 시기에 도움을 줄 만한 치료가 있을까요?"

A 영구치 앞니가 나왔는데도 거꾸로 물린다면 반대교합으로 불리는 3급 부정교합입니다. 3급 부정교합은 특성상 앞니에 반대교합을 나타내기 때문에 부모님이나 주위 사람들에게 쉽게 발견됩니다. 국내 역학조사에 의하면 대학병원급의 치과에 내원한 교정 환자의 40퍼센트 이상이 3급 부정교합자입니다. 8세 미만의 어린이의 약 70~80퍼센트 정도가 반대교합을 주요 호소증상으로 병원을 찾습니다. 인종별로 동양인에서 3급 부정교합이 더 많이 나타난다는 보고도 있습니다.

치아가 거꾸로 물리는 경우는 뼈의 크기 차이, 근육의 문제, 치아의 각도 차이 등으로 나타납니다. 만약 뼈의 문제가 아니라 치아와 근육의 문제라면 좀 더 수월하게 치료할 수 있습니다. 치아를 그냥 다물었을 때와 턱을 손으로 밀고 다물었을 때 물리는 형태에 변화가 있다면 뼈의 문제라기보다는 치아와 근육으로 인한 기능성 3급 부정교합일 가능성이 큽니다. 기능성 문제라고 해도 계속되면 아래턱의 성장 방향에 악영향을 줄 수 있어서 빨리 치료해주는 것이 좋습니다. 우선 원인이 되는 치아를 찾아서 각도 조절 등의 치료를 하게 됩니다.

반대교합은 어금니에서도 나타날 수 있습니다. 모든 정상교합은 앞니, 어금니 상관없이 위턱의 치아가 아래턱의 치아를 2밀리미터 정도 덮고 있습니다. 그런데 아래 어금니가 위 어금니보다 바깥쪽인 볼 쪽에 위치하면 반대교합입니다. 어금니가 반대로 물릴 때는 위턱뼈가 충분히 성장하지 못한 것이 원인의 대부분입니다. 손가락을 심하게 빨거나 다른 구강 악습관을 가진 어린이에게서 종종 나타납니다. 어금니 치아는 안쪽의 가장 큰 근육인 혀와 바깥의 가장 큰 근육인 볼의 힘이 균형을 이루는 평형점에 위치하게 됩니다.

그런데 손가락을 오래 빨게 되면 혀가 있어야 할 위치에 손가락이 위치하게 돼 혀가 아래로 떨어지면서 문제가 됩니다. 혀가 아래로 떨어져서 위턱의 어금니를 안에서 밀어주지 못하면 볼의 힘만 작용하게 돼 치아가 안으로 위치하게 되므로 반대교합이 생기는 것입니다. 악습관을 중단하면 대개 저절로 좋아지는 경우가 많습니다. 그래도 계속 나빠진다면 위턱을 넓혀주는 장치를 쓸 수 있습니다.

가족 중에 주걱턱을 가진 분들이 있으면 대부분 뼈의 크기 차이로 인한 부정교합인 때가 많습니다. 위턱이 정상보다 작거나 아래턱이 정상보다 크거나 또는 둘 다에 해당합니다. 이런 반대교합은 영구치 앞니가 나오는 초등학교 1, 2학년 때 조기 교정을 하는 것이 좋습니다. 그 이유는 반대교합을 교정하기 위해서는 위턱의 성장을 유도해야 하는데 위턱이 아래턱보다 성장이 빨리 마무리되기 때문입니다.

아이들은 어른과 달리 위턱의 경우 뼈 사이가 벌어져 있어서 옆으로(횡적), 앞으로(전방) 확장이 가능해서 교정 장치를 이용해 위턱의 성장을 유도하는 방향으로 교정하게 됩니다. 일반적으로 사용되는 장치는 입 안에 끼우는 급속 구개 확장장치RPE와 얼굴에 끼우는 페이스 마스크입니다. 고무줄로 힘을 주어 당겨서 위턱의 성장을 유도하는 방식입니다. 이들 장치는 아이가 최소한 하루에 11시간 이상 껴야 효과가 있습니다 아이의 협조 여부도 치료 시기를 결정하는 데 중요한 요인이 됩니다. 아이의 상황에 따라 다양한 장치들이 사용될 수도 있습니다.

위턱의 성장은 이렇게 유도를 할 수 있습니다. 하지만 안타깝게도 아래턱의 과한 성장을 억제하는 것은 현재까지 효과적인 치료법이 없는 실정입니다. 그래서 초등학교 저학년의 위턱 성장을 유도해 정상교합으로 만들어두어도 키가 자라는 시기에 아래턱이 쑥 자라면 다시 재발할 수 있습니다. 특히 주걱턱은 유전적인 영향이 크기 때문에 가족 중에 주걱턱이 많으면 재발의 확률이 좀 더 높다고 보면 됩니다.

재발이 됐다고 꼭 악교정 수술이 필요한 것은 아닙니다. 아이와 보호자의 동기나 아래턱의 성장 정도에 따라 수술을 결정할 수 있습니다.

7. 교정과 관련해서 궁금한 게 많아요

Q "교정을 하면 얼굴이 바뀌거나 이상해질까요? 교정을 하면 얼굴 모양이 약간 달라지던데요. 혹시 얼굴이 부자연스러워지거나 이상해질 수 있을까요?"

A 교정 치료는 치아만 가지런히 하는 게 아니라 입 주변의 근육이나 뼈에도 영향을 미칠 수 있습니다. 그러다 보니 얼굴의 형태도 변할 수 있습니다. 심미성은 개인별로 차이가 납니다. 반드시 치료 시작 전 원하는 얼굴 형태나 원치 않는 방향에 대해 충분히 상담하는 것이 중요합니다.

교정을 하고 난 뒤 재발하면 다시 교정해야 하나요?

"아이가 중학생이 되더니 외모에 관심이 커지면서 교정을 시켜달라고 합니다. 하지만 아직 성장이 덜된 것 같은데 교정해도 좋을지 모르겠어요. 교정하고 나서도 재발이 돼서 다시 삐뚤게 되기도 한다고 해서요. 그런 경우 커서 교정을 다시 해야 하나요?"

중학생 때 교정 치료를 하고 난 뒤에 재발하는 것은 성장보다는 유지장치를 잘 안 껴서인 경우가 많습니다. 모든 치아는 교정력이 없어지게 되면 어느 정도는 원래 상태로 되돌아가려고 합니다. 그래서 유지장치를 끼워야 합니다. 그렇지 않으면 얼마든지 재발할 가능성이 있습니다. 사춘기 친구들은 아예 붙여두는 고정식 유지장치를 고려하기도 합니다. 만약 재발이 된다면 다시 교정해야 할 수도 있습니다.

교정할 때 주의해야 할 부작용은 무엇이 있나요?

교정 부작용을 걱정하는 분들도 있는데요. 일반적으로 나타날 수 있는 부작용으로는 치아 표면이 부식되는 탈회, 잇몸의 염증과 다양한 원인에 의해 발생하는 잇몸 조직의 상실로 인한 치근 노출인 퇴축, 치아 뿌리의 흡수 등이 있습니다. 치아 표면의 탈회와 잇몸의 염증은 교정 기간 중 구강위생 관리가 잘 안 됐을 때 생길 수 있습니다. 이는 적절한 구강위생 관리로 예방할 수 있습니다. 잇몸의 퇴축과 치아 뿌리의 흡수는 과도한 교정력을 사용할 때 생길 수 있지만 거의 드문 편입니다.

아이들이 교정할 때 가장 주의해야 할 부분은 칫솔질입니다. 교정 기간 중 양치질이 잘 안 될 때 치아 표면의 탈회가 빈번하게 일어납니다. 특히 여러 교정 장치가 입 안에 들어가 있으면 양치질이 힘들고 음식물이 잘 끼기 때문에 평소보다 칫솔질에 더 신경을 써야 합니다. 특히 치아 사이와 교정기 주변부를 주의해서 닦아주고 치실이나 워터픽 등을 사용하는 것도 도움이 됩니다. 또한 딱딱하거나 끈적이는 음식을 자주 섭취하면 교정 장치가 탈락될 수 있으므로 주의해야 합니다.

교정기를 낀 후 입 냄새가 너무 심해요

"교정기를 낀 후 아이 입에서 냄새가 심하게 납니다. 양치질을 신경 써서 해주는데도 냄새가 없어지질 않습니다. 무슨 문제가 있는 것일까요? 비염이 있는 아이인데 이것도 상관이 있을까요?"

꼈다 뺐다 하는 가철성 교정 장치를 사용하는 경우 가끔 입 냄새가 날 수 있어요. 가장 큰 요인은 장치가 제대로 세척되지 않아서입니다. 양치할 때 장치도 칫솔에 치약을 묻혀서 닦아주는 게 좋습니다. 그럼에도 냄새가 많이 난다면 약국에서 판매하는 틀니 세정제를 써보세요.

물속에 틀니 세정제를 담가 기포가 올라오면 교정 장치를 5~10분 담갔다가 꺼내 칫솔로 가볍게 구석구석 닦은 후 흐르는 물에 씻으면 됩니다. 간혹 장치가 너무 더러운 것 같다고 뜨거운 물에 삶기도 하는데요. 그러면 장치가 변형돼 사용할 수 없어 새로 맞춰야 합니다. 절대 삶으면 안 됩니다.

또 다른 원인으로는 장치를 끼고 계속 입을 벌리고 있어서 그럴 수도 있습니다. 비염이 있는 아이들이 밤에 장치를 끼고 입을 벌리고 자면 냄새가 많이 날 수가 있습니다. 코로 호흡하는 데 심한 어려움이 없다면 반드시 입을 다물고 지내고 잘 때도 입을 다물고 잘 수 있도록 함께 연습해주는 것이 좋습니다.

[진료실 스케치]

나도 다 듣고 있어요

성희(가명)는 2학년입니다. 윗니가 아랫니를 덮어주어야 하는데요. 유치 때부터 기미가 보이더니 영구치 앞니가 결국 아랫니를 덮게 거꾸로 물려버렸습니다. 성희 어머니는 성희 아버지가 부정교합이 있어서 걱정이 많습니다. 성희는 치과 의자에 누워 있고 저는 어머니에게 설명을 했습니다. 성희는 거꾸로 물리는 3급 부정교합이며 위턱의 성장이 끝나기 전에 조기 교정을 해주는 것이 좋지만 가족력이 있는 상황입니다. 이후 급성장기에 아래턱이 다시 자라면 재발이 될 수 있으며 심한 경우 커서 악교정 수술을 해야 할 수도 있다고 설명했습니다. 그리고 나서 보니 세상에 성희가 눈물을 흘리고 있었습니다. 아뿔싸! 제가 아이를 완전히 무시했던 것입니다. 성희는 어른들끼리 자기 몸에 장치를 끼우고 자기 턱을 자르고 수술해야 할 수 있다고 이야기하는 걸 들으며 끼어들지는 못하고 조용히 눈물을 흘리고 있었던 것입니다.

어릴 적 저의 집은 그렇게 넉넉하지 않았습니다. 가끔 놀이공원이나 유원지 같은 곳을 놀러 가곤 했는데 입장료를 내는 곳은 비쌌던 터라 크게 한 번 마음을 먹어야 갈 수가 있었습니다. 그때가 아마도 갓 초등학생이 된 여덟 살쯤이었던 것 같아요. 정확히 기억이 나지는 않지만 어쨌든 나이를 솔직하게 말하면 꽤 비싼 입장료를 내야 했습니다. 그런데 동생 나이쯤으로 낮추어 속이면 입장료를 내지 않아도 됐습니다. 저는 제 나이보다 어린아이가 돼야 했습니다.

그게 속상하고 불편했던 것인지 그 놀이공원에서 놀았던 기억보다 그때 나이를 속이던 순간의 부끄러운 감정의 기억만 고스란히 남아 있습니다. 이제 엄마가 된 저도 가끔 아이를 데리고 어디를 갈 때면 그런 유혹이 휩싸입니다. 생일 지난 지 얼마 안 됐는데 그냥 좀 낮추어서 말할까? 잠시 고민을 합니다. 그래서 나이를 낮추어 말했던 제 엄마의 마음이 충분히 이해가 갑니다. 하지만 빤히 바라보고 있는 아이의 눈빛이 "나도 자존심과 품위가 있어요."라고 말하는 것 같아 조용히 지갑을 엽니다.

누구에게나 치과는 무섭습니다. 성희도 아마 저에게 오기 전까지 이런저런 걱정하는 말을 많이 들었을 것입니다. 성희는 나름대로 걱정과 불안을 안고 병원까지 왔을 것입니다. 그런 성희는 설명을 제대로 듣지도 못했는데 자신의 일을 엄마와 선생님이 늘리고 째고 뽑고 난리가 났으니 얼마나 착잡하고 무서웠을까요.

아이도 다 듣고 있습니다. 아이도 자기 몸에서 일어나는 일에 대해 알고 결정할 권리가 있습니다. 아이에게도 품위가 있음을 다시금 깨닫습니다. 성희 덕분에 잊고 있었던 소아치과의 기본 삼각형이 떠올랐습니다. 소아치과의 주체는 보호자와 의료진이 아닙니다. 아이, 보호자, 의료진입니다. 아이가 성인보다 작다고 해서 생각까지 작은 것이 아님을 다시 기억해봅니다. 늘 느끼지만 저만 어린이 환자들이 자랄 때까지 기다리는 것이 아닙니다. 어린이 환자들도 제가 더 자라도록 기다려주고 있습니다.

고마워. 친구들!

10장

전신질환이 있어요

　소아치과 의사의 중요한 역할 중 하나는 전신질환이 있는 어린이의 구강질환을 치료하는 일입니다. 전신질환이 있는 어린이를 '의과적 문제가 있는 환자'로 부르고 있습니다. 특히 최근에는 의료 기술의 발달로 어린이 질병의 생존률이 높아짐에 따라 전신질환을 동반한 아이들이 많습니다. 이러한 어린이를 치료하는 데 치과의사는 어린이의 의과적 상황이나 전신병력으로 생길 수 있는 구강 내 증상에 관심을 가져야 합니다. 또 치과 치료를 할 때 나타날 가능성이 있는 전신적 위험성을 예방할 수 있어야 합니다. 많은 경우 조금만 주의를 기울이면 일반적인 치료를 잘 받을 수 있습니다. 그러나 상황에 따라 진정치료나 전신마취가 필요하기도 합니다.

　장애아동에 대한 치과 치료도 매우 중요한 부분입니다. 우리나라의 장애인 치과 치료가 치과대학에서 체계적으로 교육이 되고 관심을 불러일으키게 된 것은 그렇게 오래되지는 않습니다. 최근에는 대한치과의사학회를 비롯해 대한장애인치과학회, 스마일재단 등 각종 단체의 체계적인 접근과 활동에 힘입어 전국적으로 장애인의 치과 치료에 대한 관심과 참여를 유도하고 있습니다. 그러나 아직도 많이 부족한 실정입니다. 장애인 복지에 대한 세계적인 추세는 '일상화' 개념입니다. 모든 장애인이 비장애인과 똑같이 불편함 없이 정상적인 생활을 할 수 있도록 하는 개념이지요. 일상화 개념에 부합한 장애인의 치과 치료 시스템의 구축 방향은 장애인들도 비장애인들처럼 아무런 불편함 없이 구강보건 관리와 치과 의료의 혜택을 받을 수 있도록 하는 것입니다. 앞으로 저를 포함해 많은 분들이 관심을 가지고 고민해야 하는 주제라고 생각합니다.

1. 초등학생이 되더니 치과 치료를 무서워해요

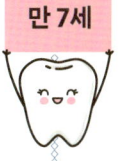

Q "어릴 때는 치과를 무서워하지 않아서 신경치료도 그냥 잘 받았어요. 그런데 초등학생이 되더니 무서워하며 치과 의자에 누우려고조차 하지 않습니다. 왜 이러는 걸까요?"

A 진료실에 있다 보면 의외로 이런 아이들이 많습니다. 어릴 때는 의젓하게 치과 치료를 잘 받았던 아이가 어른들 생각에는 오히려 더 잘해야 하는 1학년 형님이 돼서 더 무서워하는 것입니다. 부모님들로서는 도대체 이해하기 어려운 상황입니다.

그런데 아이들의 발달학적 측면에서 본다면 정상적인 성장 과정이라고 볼 수 있습니다. 게젤Gesell 등에 따르면 만 6~7세를 '변화된 어린이' 시기라고 합니다. 이 시기에 아이들은 긴장 상태가 최고에 달하면서 큰 소리를 지르거나 거칠게 반항하고(분노발작), 심지어 부모를 때리기도 한다고 합니다. 때로는 공포심이 많이 증가해 많은 어린이가 개, 폭풍우, 심지어 다른 사람을 무서워합니다. 또한 이 시기에는 자기 몸에 상처를 입는 것을 극도로 두려워해서 살짝 긁히거나 피를 보기만 해도 온 신경을 써서 반응하는 경향을 보이기도 합니다.

그러니 본인의 몸에 위해를 가한다고 생각되는 치과 치료에 대해 발작을 보일 정도로 거부반응을 보이는 것도 어느 정도는 이해가 되는 부분이 있습니다. 어릴 때 치과 치료를 잘 받다가 이 시기에 잠깐 거부반응을 보이더라도 또다시 아이에게 트라우마를 주지 않는다면 나이가 들면서 저절로 치과 공포심이 사라지므로 크게 걱정하지 않아도 됩니다. 말 그대로 커가면서 좋아집니다.

이 시기에 충치 치료를 잘못 받는 아이 중에는 구역 반사가 너무 심한 친구들이 있습니다. 아이도 치료받고 싶은데 혀나 입천장 부위에 기구가 살짝만 닿아도 토할 것 같은 느낌이 들기 때문입니다. 이런 상황이 발생할 때 웃음가스라고 불리는 아산화질소 진정법이 상당히 도움이 됩니다. 아산화질소는 구역 반사를 완전히 제거하지는 못해도 상당 부분 줄일 수 있어서 적절하게 사용하면 안전하게 치료를 받을 수 있습니다.

만약 충치가 너무 심해서 이 시기에 발치나 신경치료 등의 아픈 치료를 어쩔 수 없이 해야 할 때는 아이에게 추가로 트라우마를 줄 수 있습니다. 이때는 하는 수 없이 진정치료나 전신마취를 고려해볼 수도 있습니다. 가장 좋은 것은 이 시기에 치아 관리를 잘해서 치료할 일 없이 넘어가는 것이겠죠?

2. ADHD 아이인데 치과 치료를 받을 수 있을까요

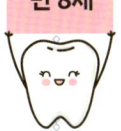
만 8세

Q "어릴 때부터 과잉행동과 주의력 결핍 소견을 보여 얼마 전부터 정신과에서 진단을 받고 ADHD 약물을 복용하고 있습니다. 어금니에 충치가 생긴 것 같은데요. 치과에서 치료를 받을 수 있을까요?"

A 주의력 결핍 과잉행동 장애ADHD가 있는 아이라고 해서 모두 다 치과 치료에 협조하지 못하는 것은 아닙니다. 아이에게 여러 번 반복해서 내용을 설명해주고 되도록 편안한 상태가 될 수 있도록 해주면 의외로 치과 치료를 잘 받는 아이들도 있습니다.

다만 다른 아이들에 비해 집중 시간이 짧고 산만한 편이므로 협조할 수 있는 시간이 짧다는 점을 고려해 치료 시간을 최소화해야 합니다. 일반적인 치료를 받을 때는 복용하는 약이 있다면 평소대로 복용하고 오는 것이 좋습니다. 간혹 아이가 너무 긴장하면 토를 할 수 있으므로 치료 2시간 전에는 금식을 권유합니다.

아이가 힘들어하면 진정치료를 고려해볼 수 있습니다. 물론 나이나 체중이 진정치료에 효과가 좋은 상황을 넘어서기는 하지만 의외로 잘 자는 아이들도 있습니다. 신경치료나 발치 같은 아픈 치료를 하지 않는다면 약간의 진정이 도움이 될 때가 있습니다. 다만, ADHD 약물을 복용하면 그 약물 중 일부는 진정치료에 사용하는 약물에 영향을 줄 수 있으므로 치료 전 해당 주치의와 꼭 상의해야 합니다. 아이의 충치는 진행이 빠른데 진정치료가 효과가 없다면 그때는 전신마취를 고려해볼 수 있습니다.

지적장애나 자폐증 환자도 조심스럽게 접근하면 치과 치료를 받을 수 있습니다. 지적장애는 그 자체가 질병이 아니고 다른 장애 증상이 동반돼 나타납니다. 대부분 미약한 증세를 나타내기 때문에 치과 치료가 불가능하지는 않습니다. 자폐증 역시 정도에 따라 치과 치료를 받을 수 있습니다. 두 경우 모두 질환 자체에 의한 특별한 치과적 증상은 나타나지 않으나 구강위생 관리에 어려움이 있어서 치은염이나 치아우식증을 앓을 때가 많습니다. 또 외상 위험이 크고 자해 등의 행위로 구강 주위의 연조직이 손상될 수 있습니다.

치과 치료를 할 때는 여러 번 내원으로 진료실에 친근함을 느낄 수 있게 하는 것이 좋습니다. 의료진은 언어와 비언어적인 방법으로 의사소통하면서 직접적인 눈 접촉을 하도록 노력합니다. 집중 시간이 길지 않으므로 오래 기다리지 않도록 하고 진료 시간을 짧게 하며 통증을 최소화하는 것이 중요합니다. 만약 환자가 힘들어하면 즉시 치료를 멈추어야 합니다. 역시나 진정치료나 전신마취를 고려할 수 있습니다. 대개는 약물치료를 받고 있으므로 시술 전 주치의와 약 사용에 대한 의견을 들을 필요가 있습니다.

간질 발작을 동반한 전신질환이 있을 때는 진정치료나 전신마취를 통한 치료를 권유합니다. 치과 치료 도중에 스트레스를 받게 되면 발작을 일으킬 가능성이 크기 때문입니다. 진정치료 또는 전신마취 시에는 복용하는 항경련제를 원래대로 먹고 진행하는 것이 좋습니다. 이 또한 치과 치료 전 주치의와 상담해야 합니다.

3. 심장질환이 있는데 치과 치료를 어떻게 받나요

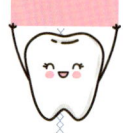

Q "제 아이는 인공판막 수술을 받은 뒤 계속 관찰하는 중입니다. 최근에 치아가 약간 깨진 것처럼 충치가 생긴 것 같아요. 어떻게 치료를 받아야 할까요?"

A 선천적 심장질환이 있는 아이들은 치과 치료 후 합병증에 대한 감수성이 높아서 치과 치료 전에 예방적 항생제를 복용해야 합니다. 치과 치료를 할 때 발생하는 출혈이나 조직 손상으로 외부 병균이 심장 결손 부위로 들어가서 심내막염endocarditis을 일으킬 수 있기 때문입니다. 또한 심장질환이 있는 아이 중에는 혈액의 비정상적인 응고가 생기지 않도록 와파린warfarin이라는 혈액 응고를 저지하는 약물을 복용할 때가 많습니다. 만약 와파린을 중단하지 않고 출혈이 동반되는 치과 치료를 하면 과다출혈이 일어날 수 있습니다. 따라서 일시적으로 와파린 복용을 중단한 후 치과 치료를 할 수 있으므로 반드시 사전에 심장과 주치의와 상담해야 합니다.

심장질환이 있는 아이들일수록 더 구강위생 관리를 철저하게 하고 과한 충치나 염증이 생기지 않도록 미리 관리해야 합니다. 충치가 많거나 구강 내 세균이 많으면 심내막염을 일으킬 수도 있기 때문입니다.

 고위험군의 심장질환을 앓는 아이들은 치과 치료 계획이 다소 달라질 수 있습니다. 심한 충치나 염증이 있다면 보통은 신경치료 등을 시행하지만 고위험군 아이는 충치나 염증이 세균 감염의 원인이 돼 심장질환에 영향을 줄 수 있으므로 발치를 고려하게 됩니다. 발치를 하면 감염 원인이 바로 제거가 되지만 신경치료를 하면 감염 원인이 완전히 제거되지 않을 위험이 있기 때문입니다. 또한 충치가 여러 개 존재한다면 예방적 항생제의 잦은 사용을 피하려고 전신마취를 해서 한꺼번에 많은 치료를 하기도 합니다.

 항암치료를 받는 아이의 치과 치료도 언제 하면 좋을지 종종 질문을 받습니다. 한번은 "아이가 작년에 급성백혈병 진단을 받고 항암치료를 하다가 곧 조혈모세포 이식을 앞두게 됐습니다. 오랜 병원 생활을 하느라 치아 관리를 잘 못 해주어서 충치가 생긴 것 같은데 치과 치료는 언제 해주어야 하나요? 이식 전에 해야 할까요? 이식 후에 해도 될까요?"라고 물어온 적이 있습니다.

 백혈병은 미성숙한 악성 백혈구가 골수와 혈액 속에 나타나 종양적으로 증식하면서 정상적인 백혈구가 기능을 하지 못하게 하는 질환입니다. 백혈병 치료는 항암 화학요법과 방사선 치료와 더불어 정상 골수와 조혈모세포를 이식하는 치료가 효과가 좋은 것으로 알려져 있습니다.

 하지만 이식 이후에는 면역 거부반응을 최소화하기 위해 몸의 면역력을 최대한으로 떨어뜨리게 됩니다. 이때 구강 내 감염의 원인이 될 만한 요인이 조금이라도 있으면 이식에 실패할 수도 있습니다. 따라서 아이의 컨디션이 허락하면 이식 전에 감염의 원인이 될 수 있는 치과 치료를 다 하고 이식을 진행하는 것이 좋습니다.

　다만, 치과 치료를 하기 위해서는 어느 정도의 혈소판 수치와 호중구 수치$_{ANC}$가 있어야 합니다. 따라서 반드시 종양내과 의사의 판단에 따라 진행해야 합니다.

4. 다운증후군에게 나타나는 치과적 특징이 있나요

Q "제 아이는 태어날 때부터 다운증후군 진단을 받았습니다. 유치가 나올 때부터 삐뚤빼뚤한 것 같고 부정교합도 있는 것 같아요. 치아 관리를 어떻게 해주어야 할까요?"

A 다운증후군은 21번 염색체 이상에 의해 나타나는 유전적 질환으로 비교적 발생 빈도가 높은 전신질환입니다. 구강 내에도 여러 가지 특징적인 모습들이 나타납니다. 다운증후군 아이들은 위턱이 잘 자라지 못하거나 불완전합니다. 그래서 아랫니가 윗니를 덮는 반대교합의 3급 부정교합이 자주 나타납니다. 또한 혀가 큰 편이어서 치아 사이에 위치하게 돼 앞니 사이가 벌어지는 개방교합도 자주 관찰됩니다. 위턱이 잘 자라지 못하는 바람에 공간이 부족해 치아의 배열이 고르지 못할 때가 많습니다. 구강위생 관리도 다소 어려울 수밖에 없습니다.

치아가 작은 왜소치microdontia가 잘 생기며 특히 앞니가 비정상적인 형태를 보일 때가 흔합니다. 또한 치아가 전반적으로 느리게 나오는 편이며 평균적으로 치아가 나오는 순서를 따르지 않을 때도 종종 있습니다. 법랑질 저형성증을 동반하는 경우와 치아가 결손되는 비율도 높습니다.

다운증후군 아이들은 잇몸이 약해서 치주질환의 발생 확률도 높습니다. 반면 충치에 대한 감수성은 다른 아이들보다 일반적으로 낮아서 관리만 잘 해준다면 충치가 심하게 진행되지는 않습니다. 하지만 충치가 진행돼 치과치료를 하게 되면 예방적 항생제 복용이 필요합니다. 다운증후군 아이들은 많은 경우 심장질환을 동반하고 있기 때문입니다.

다운증후군 아이들은 지능이 조금 낮고 발달이 더딘 편이지만 치과 치료에 대해서는 의외로 협조를 잘하는 편입니다. 대부분의 아이가 치과가 익숙해지면 어느 정도의 불편함도 잘 참고 교정 치료도 잘 받는 편입니다.

5. 장애아동의 치아는 어떻게 관리해야 할까요

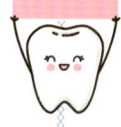

Q "뇌성마비가 있는 아이를 키우고 있습니다. 한 번 양치하기가 너무 힘들고 치과 방문도 힘들다 보니 치아 상태가 점점 안 좋아지는 것 같습니다. 치아 관리를 어떻게 해주어야 할까요?"

A 장애가 있는 아이들은 치아 관리에 여러 가지 어려움이 있습니다. 첫째는 일반적으로 장애아들은 구강보건에 대한 인식이 부족하고 운동 능력 등이 떨어지기 때문에 구강위생 관리 능력도 떨어진다는 점입니다. 따라서 치과질환 자체의 발생 빈도도 높을 뿐만 아니라 질환이 심각하게 진행될 때가 많습니다. 또한 치료 후에도 치아를 계속해서 관리해야 하는데 현실적으로 관리하기가 어려워 질환의 재발률도 높은 편입니다.

둘째는 장애 종류에 따라 다르기는 하지만 장애로 인해 치과적인 문제점이 존재한다는 점입니다. 예를 들어 다운증후군은 잇몸질환이 심하고 선천적으로 지능이 저하된 환자는 치아 발생에도 문제가 있는 경우가 많습니다. 뇌성마비는 비장애인보다 잇몸질환 발생률은 3배 정도, 부정교합은 2배 정도 더 많이 발생합니다. 법랑질 저형성증의 빈도도 30퍼센트 정도에서 나타나므로 더 쉽게 치아우식증이 진행될 수 있습니다.

셋째는 장애인에 대한 치과 치료가 그리 쉬운 일이 아니라는 점입니다. 장애가 있는 환자들은 대개 다른 전신질환이 동반되고 협조를 기대하기 어렵기 때문에 전신마취가 필요한 경우가 많습니다. 하지만 장애인들이 전신마취를 하고 치료를 받을 수 있는 병원은 턱없이 부족한 실정입니다.

이상과 같이 치과질환은 많이 발생되는데 적절히 관리가 안 되고 치료를 쉽게 받을 수 없어서 장애인들의 치과질환이 점점 심해지는 악순환을 반복하고 있습니다. 최근 서울대학교 치과병원이 장애인을 위한 치과 시설을 크게 확충했습니다. 하지만 전국적으로 보면 시설이나 인력이 크게 부족한 실정입니다. 병원으로서도 수익과 연결되지 않으니 지원에 의존해야 하는 상황입니다. 그러다 보니 장애인 치과 시설을 확충하는 데 어려움이 있습니다.

장애아동의 구강위생은 보호자가 하루에 최소 한두 번 정도는 치실과 칫솔을 사용해 관리해주는 것이 좋습니다. 칫솔의 경우 장애아동에게 좀 더 접근이 편할 수 있도록 손잡이를 변형한 칫솔을 이용해도 좋습니다. 침이 많이 나올 때는 시야를 제대로 확보하기 어렵습니다. 최근에 칫솔에 침 석션기가 부착된 제품도 출시됐으니 사용하면 좋습니다. 입을 잘 벌리기 힘들 때는 칫솔 머리가 작은 어금니 칫솔이 도움이 됩니다. 완전히 뱉어내지 못해도 불소치약을 사용하는 것이 좋으며 가능하다면 치실이나 치간 칫솔도 사용해보세요. 서울시립 어린이병원, 장애인 복지관, 보건소 등에서 장애인 구강보건 교육을 정기적, 비정기적으로 시행하고 있으니 교육을 받는 것도 좋습니다. 그리고 1년에 한두 번 정도는 치과를 방문해 불소 도포 등의 예방치료를 받거나 치과질환이 더 심해지기 전에 일찍 발견해 치료 받도록 해야 합니다.

[진료실 스케치]

우리가 갈 곳이 없어

민성이(가명)는 만 19세입니다. 민성이는 전신마비가 있는 아이입니다. 언제부터 침대 생활만 했는지는 알 수 없지만 제가 본 5년 전부터 계속 침대에 누워 있는 상태입니다. 민성이는 허리가 구부러진 할머니가 정성껏 돌보십니다. 어찌나 치아 관리를 꼼꼼하게 잘해주는지 매번 아이를 데려오실 때마다 감탄합니다. 갓난아이를 돌보듯 그리 닦아주고 입히고 챙깁니다.

민성이 할머니를 보니 제 할머니가 떠오릅니다. 저는 외가의 첫 손주였습니다. 첫 아이는 온 집안의 사랑을 독차지하듯이 저는 외가의 사랑을 독차지했지요. 할머니는 저를 늘 "은아~"라고 부르셨습니다. 어릴 적 이름의 끝 자만 따서 부르는 것이었는데요. 어찌나 부르는 소리가 다정했던지 지금도 할머니가 "은아~"라고 부르는 소리만 들어도 가슴이 먼저 반응합니다.

대학생 때였던 것 같습니다. 부모님은 아버지의 해외연수로 외국에 계시고 저는 기숙사에서 지내다가 방학 때 할머니 댁에 방문했습니다. 제가 알바를 하면서 사는 모습이 짠했던 걸까요. 할머니가 살던 지역의 큰 백화점에 데려가서 비싼 옷을 사주셨습니다. 할머니는 엄청 알뜰하셔서 당신 옷은 절대 백화점에서 안 사는 분인데 말입니다. 그러고는 "은아, 우리 짠하고 착한 은아~" 하면서 손을 쓰다듬어 주셨습니다.

제 할머니는 요즘 하루에 적으면 30통 심하면 100통씩 전화를 합니다. 할머니는 아주 최근 기억부터 빠르게 잃고 계십니다. 전화해놓고도 전화한 것을 기억하지 못해 계속 전화를 하는 겁니다. 대부분 사느라 바빠서 할머니 전화를 못 받습니다. 아니, 어떨 땐 전화를 받으면 같은 얘기만 반복하셔서 외면하는 것도 있습니다. 하지만 가끔 종일 할머니 전화가 없거나 하면 가슴이 덜컹 내려앉습니다. 할머니 전화가 영영 이대로 오지 않을까 봐 두려워 전화를 겁니다.

그럼 할머니는 "우리 은아, 늘 착하고 순한 우리 은아, 밥 잘 챙겨 먹어라." 하고 여러 번 말씀하십니다. 할머니의 목소리를 들으면 마음이 놓입니다. 나이가 40이 다 돼가는 손녀의 밥을 걱정하십니다. 아직도 할머니 눈에는 어릴 적 5세 꼬맹이 같은가 봅니다.

아마 민성이 할머니 눈에도 민성이는 여전히 안쓰럽고 짠한 꼬마일 것입니다. 살아 있는 한, 힘닿는 한, 어떻게든 민성이를 챙기고 입히고 해야 한다고 생각하실 것입니다. 민성이 할머니가 제 손을 잡으십니다. "선생님 얼굴을 보고 가야 내가 마음이 놓여. 우리 민성이 그만 오라고 하지 말어. 어디 가지 말어. 응? 선생님 오래오래 우리 민성이 좀 봐주셔." 민성이 할머니의 거친 손이 참 따뜻합니다. 저도 민성이 할머니 손을 꼭 잡아드립니다.

사실 민성이를 정기검진으로 볼 때마다 마음이 무거웠습니다. 제가 해줄 수 있는 것이 별로 없기 때문입니다. 만 19세는 이제 소아치과에서 졸업할 나이이기도 하고 올 때마다 간단한 검진이나 닦아내기밖에 해줄 수 있는 게 없습니다. 그런데도 매번 꼬박꼬박 늦지도 않고 늘 찾아오는 할머님을 뵈면 죄송스럽고 그랬습니다. 그런데 이런 민성이를 의뢰하려고 해도 의뢰할 만한 병원이 마땅히 없는 현실입니다. 서울에 제대로 된 장애인 치과 진료시설은 서울시 장애인치과병원, 서울대학교 치과병원을 비롯한 대학병원, 스마일재단의 병원 등입니다만 턱없이 부족한 실정입니다.

장애인 진료는 힘들고 어렵고 돈이 안 되고 지원이 꼭 필요한 영역이라 그렇습니다. 서울아산병원도 여러 선생님께서 전신마취 일정을 늘려서 장애나 전신질환이 있는 아이들이 좀 더 원활히 치료받을 수 있게 노력하고 있습니다. 하지만 아직은 많이 부족하기만 합니다. 부디, 우리 민성이 같은 아이들이 편안하게 진료를 받을 수 있는 곳이 많아졌으면 하는 바람입니다

슬기로운 어린이 치과 생활
우리 아이 평생 치아 건강을 지키기 위해 반드시 알아야 할 것들

초판 1쇄 인쇄 2021년 10월 22일
초판 1쇄 발행 2021년 10월 29일

지은이 박소연
펴낸이 안현주

기획 류재운 **편집** 안선영 **마케팅** 안현영
디자인 표지 최승협 본문 장덕종

펴낸 곳 클라우드나인 **출판등록** 2013년 12월 12일(제2013 - 101호)
주소 우) 03993 서울시 마포구 월드컵북로 4길 82(동교동) 신흥빌딩 3층
전화 02 - 332 - 8939 **팩스** 02 - 6008 - 8938
이메일 c9book@naver.com

값 17,000원
ISBN 979 - 11 - 91334 - 34 - 0 03510

* 잘못 만들어진 책은 구입하신 곳에서 교환해드립니다.
* 이 책의 전부 또는 일부 내용을 재사용하려면 사전에 저작권자와 클라우드나인의 동의를 받아야 합니다.

* 클라우드나인에서는 독자 여러분의 원고를 기다리고 있습니다.
  출간을 원하시는 분은 원고를 bookmuseum@naver.com으로 보내주세요.

* 클라우드나인은 구름 중 가장 높은 구름인 9번 구름을 뜻합니다. 새들이 깃털로 하늘을 나는 것처럼 인간은 깃펜으로 쓴 글자에 의해 천상에 오를 것입니다.